DR. OETKER

Backen mit Hermann & Siegfried

Dr. Oetker Verlag

Vorwort

Backen – mit wem ...?
Ja, Sie haben richtig gelesen, in diesem Buch wird mit Hermann & Siegfried gebacken und dabei handelt es sich um so genannte Ansatzteige.
Wenn man Glück hat, kriegt man Hermann und Siegfried geschenkt.
„Hermann“, den älteren der beiden, gibt es schon seit vielen Jahren.
Er wurde gefüttert, gepflegt und geteilt und es gab ein Standardrezept, den legendären Hermann-Kuchen mit einigen Abwandlungen.
Doch jetzt können Sie über 50 tolle neue Kuchen, Torten und Kleingebäcke aus Hermann backen, für jede Gelegenheit, ob Fest oder Alltag.
Mit „Siegfried“, dem jüngeren Bruder von „Hermann“ verfährt man ebenso.
Das Ergebnis sind jedoch wunderbare pikante Gebäcke, wie die Kräuter-Schinken-Rolle oder die Verschlafenen Würstchen.
Alle Rezepte sind wie immer nachgebacken, von Dr. Oetker überprüft und so beschrieben, dass sie garantiert gelingen.

Abkürzungen

EL = Esslöffel
TL = Teelöffel
Msp. = Messerspitze
Pck. = Packung/Päckchen
g = Gramm
kg = Kilogramm
ml = Milliliter
l = Liter
Min. = Minuten
Std. = Stunden
evtl. = eventuell
geh. = gehäuft
gestr. = gestrichen
TK = Tiefkühlprodukt
°C = Grad Celsius
Ø = Durchmesser
E = Eiweiß
F = Fett
Kh = Kohlenhydrate
kcal = Kilokalorien
kJ = Kilojoule

Hinweise zu den Rezepten

Lesen Sie bitte vor der Zubereitung – besser noch vor dem Einkaufen – das Rezept einmal vollständig durch. Oft werden Arbeitsabläufe oder -zusammenhänge dann klarer.
Die in den Rezepten angegebenen Backtemperaturen und -zeiten sind Richtwerte, die je nach individueller Hitzeleistung des Backofens über- oder unterschritten werden können. Bitte beachten Sie deshalb bei der Einstellung des Backofens die Gebrauchsanweisung des Herstellers und machen Sie nach Beendigung der Backzeit eine Garprobe.

Zubereitungszeiten

Die Zubereitungszeit beinhaltet nur die Zeit für die eigentliche Zubereitung, die Backzeiten sind gesondert ausgewiesen. Längere Wartezeiten wie z. B. Kühlzeiten sind ebenfalls nicht mit einbezogen.

Kapitelübersicht

Kapitelübersicht

Grundrezept Hermann-Teig

Zutaten

Für den Teigansatz:
1 Tasse (100 g) Weizenmehl (Type 405)
1 EL Zucker
½ Pck. Trockenhefe
1 Tasse (150 ml) lauwarmes Wasser

1 Für den Teigansatz Mehl in eine verschließbare Schüssel (keine Metallschüssel) sieben. Mit Zucker und Trockenhefe mischen. Wasser hineingeben. Die Zutaten von der Mitte aus mit einem Rührlöffel zu einem glatten Teig verarbeiten. Die Schüssel mit dem Deckel fest verschließen. Für den Teigansatz nur Holz- oder Kunststofflöffel verwenden.

2 Den Teigansatz zwei Tage an einem warmen Ort stehen lassen (dabei ab und zu umrühren). Anschließend 24 Stunden in den Kühlschrank stellen.

3 Von nun an so weitermachen, als hätten Sie den Hermann-Teig geschenkt bekommen:

Verarbeitung eines geschenkten Hermanns:
1. Tag: ruhen
2. Tag: umrühren
3. Tag: umrühren
4. Tag: umrühren

5. Tag: in ein größeres Gefäß umfüllen und füttern, dazu
1 Tasse (100 g) Weizenmehl
1 Tasse (150 g) Zucker
1 Tasse (150 ml) Milch
hinzufügen und verrühren.

6. Tag: umrühren
7. Tag: umrühren
8. Tag: umrühren
9. Tag: umrühren

10. Tag: noch einmal füttern, dazu
1 Tasse (100 g) Weizenmehl
1 Tasse (150 g) Zucker
1 Tasse (150 ml) Milch
hinzufügen und gut verrühren.

Wichtig

Bewahren Sie den Teig während der 10-tägigen-Zubereitung in einem gut verschlossenen Gefäß im Kühlschrank auf. Wenn der „Hermann" zu warm steht, kann die Milchsäuregärung in Essigsäuregärung umschlagen. Dann wird der Teig ungenießbar und riecht sehr unangenehm. Während der Ruhezeiten kann sich etwas Flüssigkeit an der Oberfläche absetzen. Das hat jedoch keine Bedeutung für die Weiterverwendung.

Den dickflüssigen Hermann-Teig in vier gleich große Teile teilen, je etwa 200 g (zwei Teile weitergeben, einen Teil einfrieren).

Den vierten Teil wie folgt weiterverarbeiten:

2 Tassen (je 100 g) Weizenmehl
1 Pck. Backpulver
1 Tasse (150 g) Zucker
1 Pck. Vanillin-Zucker
1 Prise Salz
3 Eier (Größe M)
½ Tasse (75 ml) Speiseöl
1 Tasse (150 ml) Milch
1 Portion Hermann-Teig

1 Für den Teig Mehl mit Backpulver mischen und in eine Rührschüssel sieben. Zucker, Vanillin-Zucker und Salz hinzufügen und mit dem Mehlgemisch vermengen. Eier, Speiseöl, Milch und den Hermann-Teig hineingeben. Die Zutaten von der Mitte aus mit einem Rührlöffel zu einem glatten Teig verarbeiten.

2 Den Teig in eine beliebige Form (gefettet) geben und in den Backofen schieben.

Ober-/Unterhitze: etwa 180 °C (vorgeheizt)
Heißluft: etwa 160 °C (nicht vorgeheizt)
Gas: Stufe 2–3 (nicht vorgeheizt)
Backzeit: 45–60 Minuten.

Tipp: *Sie können zusätzlich je nach Geschmack gemahlene Haselnusskerne, abgezogene, gemahlene oder gehackte Mandeln, Rosinen, Zimt, Apfelstücke, Schokostreusel, Kirschen oder, oder, oder unter den Teig rühren.*
Der Teigansatz oder der fertige Teig kann bis zu 3 Monate eingefroren werden.

Hermann-Kuchen

Zutaten

Für den All-in-Teig:
2 Tassen (200 g) Weizenmehl
1 Pck. Backpulver
1 Tasse (150 g) Zucker
1 Pck. Vanillin-Zucker
1 Prise Salz
1 Pck. Finesse Orangenfrucht oder Finesse Geriebene Zitronenschale
3 Eier (Größe M)
½ Tasse (75 ml) Speiseöl
1 Tasse (150 ml) Milch
1 Portion (200 g) Hermann-Teig
100 g abgezogene, gemahlene Mandeln
100 g abgezogene, gehackte Mandeln
100 g Rosinen

Zubereitungszeit:
20 Minuten

Insgesamt:
E: 102 g, F: 212 g, Kh: 528 g, kJ: 19576, kcal: 4675

EINFACH

1 Für den Teig Mehl mit Backpulver mischen und in eine Rührschüssel sieben. Zucker, Vanillin-Zucker, Salz, Orangenfrucht oder Zitronenschale, Eier, Speiseöl, Milch und den Hermann-Teig hinzufügen. Die Zutaten in 2 Minuten mit Handrührgerät mit Rührbesen auf höchster Stufe zu einem glatten Teig verarbeiten. Mandeln und Rosinen kurz unterrühren.

2 Den Teig in eine Kastenform (30 x 11 cm, gefettet, gemehlt) füllen und glatt streichen. Die Form auf dem Rost in den Backofen schieben.

Ober-/Unterhitze: etwa 180 °C (vorgeheizt)
Heißluft: etwa 160 °C (nicht vorgeheizt)
Gas: Stufe 2–3 (nicht vorgeheizt)
Backzeit: etwa 50 Minuten.

3 Den Kuchen 10 Minuten in der Form stehen lassen, dann aus der Form lösen und auf einen mit Backpapier belegten Kuchenrost stürzen. Den Kuchen erkalten lassen.

Tipp: *Den Kuchen nach Belieben mit einem Orangen- oder Zitronen-Puderzuckerguss überziehen oder mit Puderzucker bestäuben.*
Anstelle der Mandeln und Rosinen schmecken auch:
- *je 100 g gemahlene und gehackte Nusskerne und 150 g Apfelwürfel (frisch oder getrocknet)*
- *je 100 g Rosinen, abgezogene, gehackte Mandeln, Belegkirschen*
- *je 100 g abgezogene, gehackte oder gemahlene Mandeln, Orangeat, Zitronat*
- *je 100 g gemahlene und gehackte Nusskerne, Raspelschokolade oder Schokotröpfchen.*

Versunkener Kirschkuchen

Zutaten

Zum Vorbereiten:
1 Glas Sauerkirschen
(Abtropfgewicht 370 g)

Für den Rührteig:
125 g Butter oder Margarine
100 g Zucker
1 Pck. Bourbon-Vanille-Zucker
3 Eigelb (Größe M)
100 g Weizenmehl
1 gestr. TL Backpulver
100 g gemahlene, nicht abgezogene Mandeln
100 g Zartbitter-Raspelschokolade
1 Portion (200 g) Hermann-Teig
3 Eiweiß (Größe M)

Zum Verzieren:
200 ml Schlagsahne
1 Pck. Vanillin-Zucker

Zum Bestäuben:
etwas Puderzucker

Zubereitungszeit:
40 Minuten, ohne Abkühlzeit

Insgesamt:
E: 80 g, F: 277 g, Kh: 537 g, kJ: 21562, kcal: 5150

EINFACH

1 Zum Vorbereiten Sauerkirschen in einem Sieb gut abtropfen lassen.

2 Für den Teig Butter oder Margarine mit Handrührgerät mit Rührbesen auf höchster Stufe geschmeidig rühren. Nach und nach Zucker und Vanille-Zucker unterrühren. So lange rühren, bis eine gebundene Masse entstanden ist.

3 Eigelb nach und nach unterrühren (jedes Eigelb knapp ½ Minute). Mehl mit Backpulver mischen, sieben, portionsweise auf mittlerer Stufe unterrühren. Mandeln, Raspelschokolade und den Hermann-Teig unterrühren. Eiweiß steif schlagen und vorsichtig unterheben.

4 Den Teig in eine Springform (Ø 26 cm, Boden gefettet) geben und glatt streichen. Sauerkirschen darauf verteilen. Die Form auf dem Rost in den Backofen schieben.

Ober-/Unterhitze: etwa 180 °C (vorgeheizt)
Heißluft: etwa 160 °C (nicht vorgeheizt)
Gas: Stufe 2–3 (nicht vorgeheizt)
Backzeit: etwa 40 Minuten.

5 Den Kuchen aus der Form lösen und auf einem Kuchenrost erkalten lassen.

6 Zum Verzieren Sahne mit Vanillin-Zucker steif schlagen und in einen Spritzbeutel mit Sterntülle füllen. Die Kuchenoberfläche mit Puderzucker bestäuben und rundherum einen Sahnekranz aufspritzen.

Tipp: *Der Kuchen kann am Vortag zubereitet werden. Er schmeckt auch sehr gut mit Stachelbeeren oder Aprikosen.*

Aprikosen-Tarte

Zutaten

Für den Knetteig:
250 g Weizenmehl
50 g Zucker
100 g Butter oder Margarine
1 Prise Salz
1 Ei (Größe M)
½ Portion (100 g) Hermann-Teig

Zum Bestreichen:
50 g Aprikosenkonfitüre

Für den Mandelbelag:
200 g abgezogene, gemahlene Mandeln
150 g Zucker
200 ml Schlagsahne
1 Pck. Dessert-Sauce Vanille-Geschmack, zum Kochen

Für den Obstbelag:
1 Dose Aprikosenhälften (Abtropfgewicht 480 g)
25 g abgezogene, gehobelte Mandeln

Zubereitungszeit:
65 Minuten, ohne Kühlzeit

Insgesamt:
E: 93 g, F: 276 g, Kh: 647 g
kJ: 23919, kcal: 5713

GUT VORZUBEREITEN

1 Für den Teig Mehl in eine Rührschüssel sieben. Zucker, Butter oder Margarine, Salz, Ei und den Hermann-Teig hinzufügen. Die Zutaten mit Handrührgerät mit Knethaken zunächst kurz auf niedrigster, dann auf höchster Stufe gut durcharbeiten.

2 Anschließend auf einer bemehlten Arbeitsfläche zu einem glatten Teig verkneten. Sollte er kleben, ihn in Folie gewickelt eine Zeit lang kalt stellen.

3 Zwei Drittel des Teiges auf dem Boden einer Springform (Ø 26 cm, Boden gefettet) ausrollen. Den Teigboden mit einer Gabel mehrmals einstechen. Den Springformrand darumlegen.

4 Restlichen Teig zu einer Rolle formen, sie auf den Teigboden legen und so an die Form drücken, dass ein etwa 2 cm hoher Rand entsteht. Teigboden mit Konfitüre bestreichen.

5 Für den Mandelbelag Mandeln mit Zucker, Sahne und Dessert-Saucenpulver gut verrühren. Die Sahne-Mandel-Masse auf den mit Konfitüre bestrichenen Teigboden verteilen.

6 Für den Obstbelag Aprikosenhälften in einem Sieb gut abtropfen lassen. Aprikosenhälften auf dem Mandelbelag verteilen und mit Mandeln bestreuen. Die Form auf dem Rost in den Backofen schieben.

Ober-/Unterhitze: etwa 200 °C (vorgeheizt)
Heißluft: etwa 180 °C (nicht vorgeheizt)
Gas: Stufe 3–4 (nicht vorgeheizt)
Backzeit: etwa 55 Minuten.

7 Die Form auf einen Kuchenrost stellen. Die Tarte kalt oder warm servieren.

Grieß-Pflaumen-Kuchen

(Titelfoto)

Zutaten

Zum Vorbereiten:
600 g Pflaumen

Für den All-in-Teig:
150 g Weizenmehl
3 gestr. TL Backpulver
1 Pck. Creme Pudding Garant Grieß
50 g Zucker
3 Eier (Größe M)
100 g Schmand
100 g zerlassene, abgekühlte Butter oder Margarine
1 Portion (200 g) Hermann-Teig

Zum Bestreuen:
25 g abgezogene, gehobelte Mandeln

Nach Belieben zum Bestreuen oder Bestäuben:
Zimt-Zucker
Puderzucker

Zubereitungszeit:
40 Minuten, ohne Abkühlzeit

Insgesamt:
E: 49 g, F: 141 g, Kh: 407 g, kJ: 13389, kcal: 3197

FÜR KINDER

1 Zum Vorbereiten Pflaumen waschen, gut abtropfen lassen, halbieren, entsteinen und in Achtel schneiden.

2 Für den Teig Mehl mit Backpulver und Pudding Garant mischen, in eine Rührschüssel sieben. Zucker, Eier, Schmand, Butter oder Margarine und den Hermann-Teig hinzufügen. Die Zutaten in 2 Minuten mit Handrührgerät mit Rührbesen auf höchster Stufe zu einem glatten Teig verarbeiten.

3 Den Teig in eine Springform (Ø 26 cm, Boden gefettet) geben und glatt streichen. Pflaumenachtel darauf verteilen, dabei am Rand etwa 1 cm Teig frei lassen. Die Oberfläche mit Mandeln bestreuen. Die Form auf dem Rost in den Backofen schieben.

Ober-/Unterhitze: etwa 180 °C (vorgeheizt)
Heißluft: etwa 160 °C (nicht vorgeheizt)
Gas: Stufe 2–3 (nicht vorgeheizt)
Backzeit: etwa 45 Minuten.

4 Den Kuchen aus der Form lösen und auf einen mit Backpapier belegten Kuchenrost legen. Den Kuchen erkalten lassen. Nach Belieben mit Zimt-Zucker bestreuen oder mit Puderzucker bestäuben.

Johannisbeerwähe

Zutaten

Für den Knetteig:
175 g Weizenmehl
75 g Zucker
50 g nicht abgezogene, gemahlene Mandeln
50 g Butter oder Margarine
1 Portion (200 g) Hermann-Teig

Für den Belag:
500 g gemischte (rote, weiße und schwarze) Johannisbeeren

Außerdem:
2 EL Semmelbrösel

Für den Guss:
3 Eier (Größe M)
4 EL Eierlikör
150 ml Schlagsahne
100 g Zucker
2 EL Pudding-Pulver Vanille-Geschmack

Für das Baiser:
2 Eiweiß (Größe M)
80 g Zucker

Zubereitungszeit:
65 Minuten

Insgesamt:
E: 84 g, F: 145 g, Kh: 628 g, kJ: 19246, kcal: 4597

FRUCHTIG - MIT ALKOHOL

1 Für den Teig Mehl in eine Rührschüssel sieben. Zucker, Mandeln, Butter oder Margarine und den Hermann-Teig hinzufügen. Die Zutaten mit Handrührgerät mit Knethaken zunächst kurz auf niedrigster, dann auf höchster Stufe gut durcharbeiten. Anschließend auf einer bemehlten Arbeitsfläche zu einem glatten Teig verkneten. Sollte er kleben, ihn in Folie gewickelt eine Zeit lang kalt stellen.

2 Für den Belag Johannisbeeren waschen, abtropfen lassen, entstielen und trockentupfen.

3 Teig zu einer runden Platte (Ø etwa 32 cm) ausrollen und in eine Wähen- oder Tarteform (Ø 28 cm, gefettet) legen. Rand dabei etwas hochdrücken. Johannisbeeren in der Form verteilen (bei sehr reifen Johannisbeeren Teig vorher mit Semmelbröseln bestreuen).

4 Für den Guss Eier, Eierlikör, Sahne, Zucker und Pudding-Pulver verrühren. Die Masse über die Johannisbeeren geben. Die Form auf dem Rost in den Backofen schieben.

Ober-/Unterhitze: etwa 180 °C (vorgeheizt)
Heißluft: etwa 160 °C (nicht vorgeheizt)
Gas: Stufe 2–3 (nicht vorgeheizt)
Backzeit: etwa 40 Minuten.

5 Die Form auf einen Kuchenrost stellen. Für das Baiser Eiweiß mit Handrührgerät mit Rührbesen auf höchster Stufe steif schlagen, der Schnee muss so fest sein, dass ein Messerschnitt sichtbar bleibt, nach und nach Zucker unterschlagen. Masse in einen Spritzbeutel mit Lochtülle füllen. Große Tuffs auf die heiße Wähe spritzen. Die Form wieder auf dem Rost in den Backofen schieben und bei gleicher Backofeneinstellung nochmals weitere 10–15 Minuten backen.

6 Die Form auf einen Kuchenrost stellen. Die Wähe erkalten lassen.

Apfel-Joghurt-Kuchen

Zutaten

Für den Teig:
200 g Weizenmehl
1 Pck. Pudding-Pulver Vanille-Geschmack
3 gestr. TL Backpulver
125 g Zucker
2 Eier (Größe M)
3 EL Speiseöl
1 Pck. Finesse Geriebene Zitronenschale
150 g Apfeljoghurt
1 Portion (200 g) Hermann-Teig

Für den Belag:
500 g Äpfel

Zubereitungszeit:
20 Minuten

Insgesamt
E: 56 g, F: 56 g, Kh: 588 g, kJ: 13293, kcal: 3173

EINFACH – FÜR KINDER

1 Für den Teig Mehl mit Pudding-Pulver und Backpulver mischen und in eine Rührschüssel sieben, mit Zucker mischen. Eier, Speiseöl, Zitronenschale, Apfeljoghurt und den Hermann-Teig hineingeben. Die Zutaten mit Handrührgerät mit Rührbesen zu einem glatten Teig verrühren.

2 Den Teig in eine Springform (Ø 26 cm, Boden gefettet) geben und glatt streichen.

3 Für den Belag Äpfel schälen, vierteln, entkernen und in Spalten schneiden. Apfelspalten kreisförmig dachziegelartig darauf legen. Die Form auf dem Rost in den Backofen schieben.

Ober-/Unterhitze: etwa 180 °C (vorgeheizt)
Heißluft: etwa 160 °C (vorgeheizt)
Gas: Stufe 2–3 (vorgeheizt)
Backzeit: etwa 45 Minuten.

4 Den Kuchen aus der Form lösen und auf einem Kuchenrost erkalten lassen.

Tipp: *Anstelle von Äpfeln kann der Kuchen auch mit 1 Dose Aprikosenhälften (Abtropfgewicht 480 g) belegt werden. Dann den Teig jedoch statt mit 200 g mit 250 g Mehl zubereiten.*
Sie können den Kuchen zusätzlich sofort nach dem Backen aprikotieren. Dafür 2 Esslöffel Aprikosenkonfitüre durch ein Sieb streichen, in einem kleinen Topf unter Rühren erhitzen. Den Kuchen damit bestreichen und nach Belieben mit abgezogenen, gestiftelten Mandeln bestreuen.

Ananas-Kokos-Kranz

Zutaten

Zum Vorbereiten:
1 Dose Ananasstücke
(Abtropfgewicht 340 g)

Für den All-in-Teig:
300 g Weizenmehl
1 Pck. Backpulver
150 g Zucker
1 Pck. Vanillin-Zucker
4 Eier (Größe M)
150 ml Speiseöl
1 Portion (200 g) Hermann-Teig
100 g Kokosraspel

Zubereitungszeit:
25 Minuten

Insgesamt:
E: 82 g, F: 246 g, Kh: 640 g,
kJ: 21999, kcal: 5255

GUT VORZUBEREITEN

1 Zum Vorbereiten Ananasstücke in einem Sieb abtropfen lassen.

2 Für den Teig Mehl mit Backpulver mischen und in eine Rührschüssel sieben. Zucker, Vanillin-Zucker, Eier, Speiseöl und den Hermann-Teig hinzufügen. Die Zutaten in 2 Minuten mit Handrührgerät mit Rührbesen auf höchster Stufe zu einem glatten Teig verarbeiten. Kokosraspel und Ananasstücke unterheben.

3 Den Teig in eine Kranzform (Ø 26 cm, gefettet) geben und glatt streichen. Die Form auf dem Rost in den Backofen schieben.

Ober-/Unterhitze: etwa 180 °C (vorgeheizt)
Heißluft: etwa 160 °C (nicht vorgeheizt)
Gas: Stufe 2–3 (nicht vorgeheizt)
Backzeit: etwa 45 Minuten.

4 Den Kuchen 10 Minuten in der Form stehen lassen, dann auf einen Kuchenrost stürzen. Kuchen erkalten lassen.

Tipp: *Den Kuchen nach Belieben mit einem Puderzuckerguss oder mit aufgelöster Kuvertüre besprenkeln. Der Kuchen kann auch in einer Springform mit Rohrboden (Ø 26 cm) gebacken werden. Zusätzlich 150 g klein geschnittene Marzipan-Rohmasse unter den Teig rühren und den Kuchen mit einer Schokoladen-Glasur überziehen.*

Apfel-Mandel-Kranz

Zutaten

Für den All-in-Teig:
300 g Weizenmehl
1 Pck. Pudding-Pulver Vanille-Geschmack
1 Pck. Backpulver
175 g Zucker
5 Eier (Größe M)
200 g nicht abgezogene, gemahlene Mandeln
150 ml Speiseöl
1 Portion (200 g) Hermann-Teig

400 g Äpfel

Zum Tränken:
75 ml Apfelsaft

Zum Bestäuben:
Puderzucker

Zubereitungszeit:
etwa 30 Minuten, ohne Abkühlzeit

Insgesamt:
E: 124 g, F: 299 g, Kh: 699 g, kJ: 26228, kcal: 6264

EINFACH – FÜR KINDER

1 Für den Teig Mehl mit Pudding-Pulver und Backpulver mischen, in eine Rührschüssel sieben. Zucker, Eier, Mandeln, Speiseöl und den Hermann-Teig hinzufügen. Die Zutaten in 2 Minuten mit Handrührgerät mit Rührbesen auf höchster Stufe zu einem glatten Teig verarbeiten.

2 Äpfel schälen, halbieren, entkernen, grob raspeln und vorsichtig unterheben.

3 Den Teig in eine Springform mit Rohrboden (Ø 26 cm, gefettet, gemehlt) geben und glatt streichen. Die Form auf dem Rost in den Backofen schieben.

Ober-/Unterhitze: etwa 180 °C (vorgeheizt)
Heißluft: etwa 160 °C (nicht vorgeheizt)
Gas: Stufe 2–3 (nicht vorgeheizt)
Backzeit: etwa 60 Minuten.

4 Den Kuchen 10 Minuten in der Form stehen lassen, dann aus der Form lösen und auf einen mit Backpapier belegten Kuchenrost stürzen.

5 Den Kuchen mit dem Apfelsaft (mit Hilfe eines Pinsels) tränken. Kuchen erkalten lassen und mit Puderzucker bestäuben.

Tipp: *Sehr gut schmeckt der Apfel-Mandel-Kranz, wenn Sie ihn mit Calvados tränken. Dazu 75 ml Calvados mit 1 Esslöffel Zucker erhitzen. Den Kranz sofort damit tränken. Der Apfel-Mandel-Kranz kann auch sehr gut in einer Gugelhupfform (Ø 22 cm) bei gleicher Backofeneinstellung und Backzeit gebacken werden. Nach dem Backen jedoch etwa 10 Minuten in der Form stehen lassen, dann aus der Form lösen und auf einen mit Backpapier belegten Kuchenrost stürzen.*

Backobstkuchen

Zutaten

Zum Vorbereiten:
1 Pck. (200 g) getrocknetes Mischobst

Für den All-in-Teig:
200 g Weizenmehl
3 gestr. TL Backpulver
75 g Zucker
1 Pck. Jamaika-Rum-Aroma
½ TL gemahlener Zimt
3 Eier (Größe M)
75 ml Schlagsahne
100 g zerlassene, abgekühlte Butter oder Margarine
1 Portion (200 g) Hermann-Teig
75 g Rosinen

Für den Guss:
100 g gesiebter Puderzucker
2 EL Orangensaft oder Rum
1 TL Finesse Orangenfrucht

Zubereitungszeit:
55 Minuten, ohne Abkühlzeit

Insgesamt:
E: 62 g, F: 133 g, Kh: 624 g, kJ: 17393, kcal: 4155

GUT VORZUBEREITEN

1 Zum Vorbereiten Mischobst in kleine Stücke schneiden.

2 Für den Teig Mehl mit Backpulver mischen und in eine Rührschüssel sieben. Zucker, Aroma, Zimt, Eier, Sahne, Butter oder Margarine und den Hermann-Teig hinzufügen. Die Zutaten in 2 Minuten mit Handrührgerät mit Rührbesen auf höchster Stufe zu einem glatten Teig verarbeiten. Rosinen und Mischobststückchen unterrühren.

3 Den Teig in eine Springform mit Rohrboden (Ø 26 cm, gefettet, gemehlt) geben und glatt streichen. Die Form auf dem Rost in den Backofen schieben.

Ober-/Unterhitze: etwa 180 °C (vorgeheizt)
Heißluft: etwa 160 °C (nicht vorgeheizt)
Gas: Stufe 2–3 (nicht vorgeheizt)
Backzeit: etwa 40 Minuten.

4 Die Kuchen etwa 5 Minuten in der Form stehen lassen, dann aus der Form lösen und auf einen mit Backpapier belegten Kuchenrost stürzen. Den Kuchen erkalten lassen.

5 Für den Guss Puderzucker mit Orangensaft oder Rum und Orangenfrucht zu einer geschmeidigen Masse verrühren. Den Kuchen mit dem Guss überziehen und fest werden lassen.

Tipp: *Der Kuchen kann auch sehr gut in einer Gugelhupfform (Ø 22 cm) zubereitet werden, dann erhöht sich die Backzeit um etwa 15 Minuten.*

Gugelhupf, klassisch

Zutaten

Für den Rührteig:
150 g Butter oder Margarine
175 g Zucker
1 Pck. Vanillin-Zucker
4 Eier (Größe M)
375 g Weizenmehl
1 Pck. Backpulver
150 ml Buttermilch
1 Portion (200 g) Hermann-Teig
100 g abgezogene, gehackte Mandeln
100 g rote Belegkirschen, gewürfelt
100 g Rosinen
100 g getrocknete Aprikosen, gewürfelt

Zum Bestäuben:
Puderzucker

Zubereitungszeit:
25 Minuten, ohne Abkühlzeit

Insgesamt:
E: 116 g, F: 209 g, Kh: 805 g, kJ: 25009, kcal: 5974

GUT VORZUBEREITEN

1 Für den Teig Butter oder Margarine mit Handrührgerät mit Rührbesen auf höchster Stufe geschmeidig rühren. Nach und nach Zucker und Vanillin-Zucker unterrühren. So lange rühren, bis eine gebundene Masse entstanden ist.

2 Eier nach und nach unterrühren (jedes Ei etwa ½ Minute). Mehl mit Backpulver mischen, sieben, abwechselnd portionsweise mit der Buttermilch auf mittlerer Stufe unterrühren. Zuletzt den Hermann-Teig, die Mandeln, Belegkirschen, Rosinen und Aprikosen unterheben.

3 Den Teig in eine Gugelhupfform (Ø 22 cm, gefettet, gemehlt) geben und glatt streichen. Die Form auf dem Rost in den Backofen schieben.

Ober-/Unterhitze: etwa 180 °C (vorgeheizt)
Heißluft: etwa 160 °C (nicht vorgeheizt)
Gas: Stufe 2–3 (nicht vorgeheizt)
Backzeit: etwa 50 Minuten.

4 Den Gugelhupf etwa 10 Minuten in der Form stehen lassen, dann aus der Form lösen und auf einen mit Backpapier belegten Kuchenrost stürzen. Gugelhupf erkalten lassen. Mit Puderzucker bestäuben.

Tipp: *Der Teig kann zusätzlich noch mit 3 Esslöffeln Rum verfeinert werden. Der Gugelhupf hält sich mehrere Tage frisch. Er schmeckt auch sehr gut mit getrockneten Feigen, Mandeln und Pistazienkernen oder Orangeat und Zitronat.*

Schoko-Kirsch-Kuchen

Zutaten

Zum Vorbereiten:
1 Glas Sauerkirschen (Abtropfgewicht 370 g)

Für den All-in-Teig:
200 g Weizenmehl
2 Pck. Pudding-Pulver Schokolade
1 Pck. Backpulver
100 g Zucker
1 Pck. Vanillin-Zucker
4 Eier (Größe M)
150 ml Speiseöl
1 Portion (200 g) Hermann-Teig
100 g Raspelschokolade

Zum Bestäuben:
Puderzucker

Zubereitungszeit:
25 Minuten, ohne Abkühlzeit

Insgesamt:
E: 71 g, F: 199 g, Kh: 695 g, kJ: 21009, kcal: 5017

GUT VORZUBEREITEN

1 Zum Vorbereiten Sauerkirschen in einem Sieb gut abtropfen lassen.

2 Für den Teig Mehl mit Pudding-Pulver und Backpulver mischen, in eine Rührschüssel sieben. Zucker, Vanillin-Zucker, Eier, Speiseöl und den Hermann-Teig hinzufügen. Die Zutaten in 2 Minuten mit Handrührgerät mit Rührbesen auf höchster Stufe zu einem glatten Teig verarbeiten. Raspelschokolade und Sauerkirschen (evtl. mit Küchenpapier trockentupfen) vorsichtig unterheben.

3 Den Teig in eine Gugelhupfform (Ø 22 cm, gefettet, gemehlt) geben und glatt streichen. Die Form auf dem Rost in den Backofen schieben.

Ober-/Unterhitze: etwa 180 °C (vorgeheizt)
Heißluft: etwa 160 °C (nicht vorgeheizt)
Gas: Stufe 2–3 (nicht vorgeheizt)
Backzeit: etwa 60 Minuten.

4 Den Kuchen 10 Minuten in der Form stehen lassen, dann aus der Form lösen und auf einen Kuchenrost stürzen. Kuchen erkalten lassen. Nach Belieben mit Puderzucker bestäuben.

Tipp: *Den Kuchen mit aufgelöster Kuvertüre überziehen, so dass der Guss in „dicken Nasen" herunterläuft. Der Kuchen schmeckt sehr gut mit einem Kirschsaft-Puderzucker-Guss.*

Nusskuchen, marmoriert

Zutaten

Für den All-in-Teig:
375 g Weizenmehl
1 Pck. Backpulver
175 g Zucker
1 Pck. Vanillin-Zucker
1 Prise Salz
4 Eier (Größe M)
150 g Butter oder Margarine
150 ml Buttermilch
1 Portion (200 g) Hermann-Teig

Für den dunklen Teig:
100 g gemahlene Haselnusskerne
1 EL Kakaopulver
3 EL kalter, starker Kaffee oder Milch

Für den Guss:
100 g Schokoladen-Fettglasur

Zum Bestreuen:
30 g gehackte oder gehobelte Haselnusskerne

Zubereitungszeit:
45 Minuten, ohne Abkühlzeit

Insgesamt:
E: 111 g, F: 243 g, Kh: 770 g, kJ: 24644, kcal: 5885

GUT VORZUBEREITEN

1 Für den Teig Mehl mit Backpulver mischen und in eine Rührschüssel sieben. Zucker, Vanillin-Zucker, Salz, Eier, Butter oder Margarine, Buttermilch und den Hermann-Teig hinzufügen. Die Zutaten in 2 Minuten mit Handrührgerät mit Rührbesen auf höchster Stufe zu einem glatten Teig verarbeiten.

2 Zwei Drittel des Teiges in eine Gugelhupfform (Ø 22 cm, gefettet, gemehlt) geben.

3 Für den dunklen Teig restlichen Teig mit Haselnusskernen, Kakao und Kaffee oder Milch verrühren. Den dunklen auf dem hellen Teig verteilen, eine Gabel spiralförmig durch die Teigschichten ziehen, damit ein Marmormuster entsteht. Die Form auf dem Rost in den Backofen schieben.

Ober-/Unterhitze: etwa 180 °C (vorgeheizt)
Heißluft: etwa 160 °C (nicht vorgeheizt)
Gas: Stufe 2–3 (nicht vorgeheizt)
Backzeit: etwa 50 Minuten.

4 Den Kuchen etwa 10 Minuten in der Form stehen lassen, dann aus der Form lösen und auf einen mit Backpapier belegten Kuchenrost stürzen. Kuchen erkalten lassen.

5 Für den Guss Fettglasur nach Packungsanleitung auflösen. Den Guss so über den Kuchen geben, dass er am Rand in "dicken Nasen" herunterläuft. Mit Haselnusskernen bestreuen. Guss fest werden lassen.

Tipp: *Anstelle der Schokoladen-Fettglasur schmeckt auch eine Puderzucker-Kaffeeglasur, dafür 150 g gesiebten Puderzucker und 1–2 Esslöffel kalten, starken Kaffee zu einem dickflüssigen Guss verrühren. Den Teig mit etwas gemahlenem Zimt verfeinern. Statt Haselnusskernen können auch nicht abgezogene, gehackte oder gehobelte Mandeln verwendet werden, dann den Kaffee nach Belieben durch Amaretto ersetzen. Anstelle des Kaffees schmeckt auch die gleiche Menge Kaffeelikör.*

Stollen mit Hermann

Zutaten

Für den Knetteig:
250 g Weizenmehl
1 Pck. Backpulver
75 g Zucker
1 Pck. Vanillin-Zucker
2 Eier (Größe M)
100 g Magerquark
1 Fläschchen Rum-Aroma
1 Portion (200 g) Hermann-Teig
100 g abgezogene, gemahlene Mandeln
100 g Rosinen
100 g Orangeat
100 g Zitronat (Sukkade)

Zum Bestreichen:
75 g zerlassene Butter

Zum Bestäuben:
Puderzucker

Zubereitungszeit:
40 Minuten

Insgesamt:
E: 90 g, F: 136 g, Kh: 702 g, kJ: 19142, kcal: 4572

KLASSISCH - MIT ALKOHOL

1 Für den Teig Mehl mit Backpulver mischen, in eine Rührschüssel sieben. Zucker, Vanillin-Zucker, Eier, Quark, Aroma und den Hermann-Teig hinzufügen. Die Zutaten mit Handrührgerät mit Knethaken zunächst kurz auf niedrigster, dann auf höchster Stufe gut durcharbeiten.

2 Anschließend auf einer bemehlten Arbeitsfläche zu einem glatten Teig verkneten. Mandeln, Rosinen, Orangeat und Zitronat hinzugeben und unterkneten.

3 Den Teig auf einer bemehlten Arbeitsfläche zu einer Rolle formen und in eine Stollenbackhaube (Länge 39,5 cm, gut gefettet) legen. Die Stollenbackhaube mit der offenen Seite nach unten auf ein Backblech (gefettet, mit Backpapier belegt) setzen. Das Backblech in den Backofen schieben.

Ober-/Unterhitze: etwa 180 °C (vorgeheizt, mittlere Schiene)
Heißluft: etwa 160 °C (nicht vorgeheizt)
Gas: Stufe 2–3 (nicht vorgeheizt)
Backzeit: etwa 60 Minuten.

4 Die Stollenbackhaube nach etwa 20 Minuten von dem Stollen abnehmen und den Stollen fertig backen. Den Stollen sofort mit der Hälfte der zerlassenen Butter bestreichen und mit Puderzucker bestäuben. Den Vorgang wiederholen. Stollen erkalten lassen.

Tipp: *Wer keine Stollenbackhaube hat, kann den Stollen auch auf einem Backblech (doppelt mit Backpapier belegt) backen.*

Blaubeer-Käse-Torte

Zutaten

75 g Knuspermüsli

Für den All-in-Teig:
175 g Weizenmehl
2 gestr. TL Backpulver
75 g Zucker
50 g zerlassene, abgekühlte Butter oder Margarine
1 Portion (200 g) Hermann-Teig

Für den Belag:
500 g Fruchtquark Heidelbeer, 2 Eier (Größe M)
1 Pck. Käsekuchen-Hilfe
100 ml Schlagsahne
50 g Zucker
125 g Knuspermüsli
Puderzucker

Zubereitungszeit:
40 Minuten, ohne Abkühlzeit

Insgesamt:
E: 80 g, F: 112 g, Kh: 670 g, kJ: 17224, kcal: 4102

EINFACH

1 Müsli in einen Gefrierbeutel geben, Beutel fest verschließen. Müsli mit einer Teigrolle grob zerbröseln und beiseite stellen.

2 Für den Teig Mehl mit Backpulver mischen und in eine Rührschüssel sieben. Zucker, Butter oder Margarine und den Hermann-Teig hinzufügen. Die Zutaten mit Handrührgerät mit Rührbesen auf höchster Stufe zu einem glatten Teig verarbeiten. Knuspermüsli unterrühren.

3 Den Teig in eine Springform (Ø 26 cm, Boden gefettet) geben, mit gemehlten Fingern andrücken und den Rand hochdrücken, so dass ein etwa 2 cm hoher Rand ensteht.

4 Für den Belag Quark, Eier, Käsekuchen-Hilfe, Sahne und Zucker geschmeidig rühren. Die Quarkmasse auf den Teigboden geben, glatt streichen und mit den beiseite gestellten Müslibröseln bestreuen. Die Form auf dem Rost in den Backofen schieben.

Ober-/Unterhitze: etwa 180 °C (vorgeheizt)
Heißluft: etwa 160 °C (nicht vorgeheizt)
Gas: Stufe 2–3 (nicht vorgeheizt)
Backzeit: etwa 45 Minuten.

5 Die Torte aus der Form lösen und auf einem Kuchenrost erkalten lassen. Nach Belieben mit Puderzucker bestäuben.

Himbeer-Quark-Torte

Zutaten

Für den Knetteig:
200 g Weizenmehl
20 g Kakaopulver
100 g Zucker
100 g Butter oder Margarine
1 Portion (200 g) Hermann-Teig

Für den Quark-Belag:
500 g Magerquark
50 g Zucker
2 Eigelb (Größe M)
15 g Speisestärke
1 Pck. Finesse Geriebene Zitronenschale
2 Eiweiß (Größe M)

Für den Himbeer-Belag:
500 g verlesene frische oder TK-Himbeeren

Für den Guss:
1 Pck. Tortenguss, rot
50 g Zucker
250 ml (¼ l) Wasser
1 EL Himbeergeist

Zubereitungszeit:
65 Minuten, ohne Abkühlzeit

Insgesamt:
E: 128 g, F: 108 g, Kh: 651 g, kJ: 17795, kcal: 4251

FRUCHTIG – MIT ALKOHOL

1 Für den Teig Mehl mit Kakao mischen, in eine Rührschüssel sieben. Zucker, Butter oder Margarine und den Hermann-Teig hinzufügen. Die Zutaten mit Handrührgerät mit Knethaken zunächst kurz auf niedrigster, dann auf höchster Stufe gut durcharbeiten.

2 Anschließend auf einer bemehlten Arbeitsfläche zu einem glatten Teig verkneten. Sollte er kleben, ihn in Folie gewickelt eine Zeit lang kalt stellen.

3 Für den Quark-Belag Quark, Zucker, Eigelb, Speisestärke und Zitronenschale in eine Rührschüssel geben und gut verrühren. Eiweiß steif schlagen und unter die Quarkmasse heben.

4 Zwei Drittel des Teiges auf den Boden einer Springform (Ø 26 cm, Boden gefettet) legen und ausrollen. Den Rest des Teiges zu einer Rolle formen, sie so an den Rand legen und hochdrücken, dass ein 2 cm hoher Rand entsteht. Die Quarkmasse auf den Teigboden geben und glatt streichen. Die Form auf dem Rost in den Backofen schieben.

Ober-/Unterhitze: etwa 160 °C (vorgeheizt)
Heißluft: etwa 140 °C (nicht vorgeheizt)
Gas: Stufe 1–2 (nicht vorgeheizt)
Backzeit: etwa 50 Minuten.

5 Torte aus der Form lösen, aber auf dem Springformboden abkühlen lassen. Dann die Torte auf eine Platte legen.

6 Für den Himbeer-Belag frische oder aufgetaute Himbeeren auf der Torte verteilen.

7 Für den Guss aus Tortengusspulver, Wasser und Zucker nach Packungsanleitung einen Guss zubereiten, zuletzt Himbeergeist unterrühren. Guss über die Früchte verteilen, fest werden lassen.

Aprikosen-Crème-fraîche-Torte

Zutaten

Für den Knetteig:
200 g Weizenmehl
125 g Zucker
100 g Butter oder Margarine
100 g gemahlene, abgezogene Mandeln
1 Portion (200 g) Hermann-Teig

Für den Belag:
1 Dose Aprikosenhälften (Abtropfgewicht 480 g)
1 Pck. Pudding-Pulver Vanille-Geschmack
60 g Zucker
375 ml Milch
2 Becher (je 150 g) Crème fraîche

Für den Guss:
1 Pck. Tortenguss, klar
20 g Zucker
250 ml (¼ l) Aprikosensaft

Zubereitungszeit:
60 Minuten, ohne Abkühlzeit

Insgesamt:
E: 78 g, F: 246 g, Kh: 754 g, kJ: 23929, kcal: 5713

FRUCHTIG – FÜR KINDER

1 Für den Teig Mehl in eine Rührschüssel sieben. Restliche Zutaten hinzufügen und mit Handrührgerät mit Knethaken zunächst kurz auf niedrigster, dann auf höchster Stufe gut durcharbeiten. Anschließend auf einer bemehlten Arbeitsfläche zu einem glatten Teig verkneten. Sollte er kleben, ihn in Folie gewickelt eine Zeit lang kalt stellen.

2 Zwei Drittel des Teiges auf dem Boden einer Springform (Ø 26 cm, Boden gefettet) ausrollen. Den Teigboden mehrmals mit einer Gabel einstechen. Den Springformrand darumlegen. Die Form auf dem Rost in den Backofen schieben und den Boden vorbacken.

Ober-/Unterhitze: etwa 200 °C (vorgeheizt)
Heißluft: etwa 180 °C (vorgeheizt)
Gas: Stufe 3–4 (vorgeheizt)
Backzeit: etwa 12 Minuten.

3 Die Form auf einen Kuchenrost stellen. Den Tortenboden etwas abkühlen lassen. Für den Belag Aprikosenhälften gut abtropfen lassen, Saft dabei auffangen und 250 ml (¼ l) davon abmessen. Nach Packungsanleitung (aber mit den hier angegebene Zutaten) einen Pudding zubereiten, etwas abkühlen lassen. Crème fraîche unterrühren. Restlichen Teig zu einer Rolle formen, sie als Rand auf den vorgebackenen Boden legen, so an die Form drücken, dass ein etwa 3 cm hoher Rand entsteht.

4 Den Pudding auf den Tortenboden geben. Aprikosenhälften darauf verteilen. Die Form wieder auf dem Rost in den Backofen schieben und die Torte **bei gleicher Temperatur in etwa 50 Minuten** fertig backen.

5 Die Torte aus der Form lösen und auf einem Kuchenrost erkalten lassen. Für den Guss aus Tortengusspulver, Zucker und Aprikosensaft nach Packungsanleitung einen Guss zubereiten. Den Guss auf der Torte verteilen, fest werden lassen.

Aprikosen-Pudding-Torte

Zutaten

Für den Belag:
1 Dose Aprikosenhälften (Abtropfgewicht 480 g)
250 ml (¼ l) Milch
200 ml Schlagsahne
50 g Zucker
1 Pck. Pudding-Pulver Vanille-Geschmack

Für den Knetteig:
200 g Weizenmehl
125 g Zucker
100 g Butter oder Margarine
100 g gemahlene, abgezogene Mandeln
1 Portion (200 g) Hermann-Teig

Zum Bestreichen:
etwas Milch

Zubereitungszeit:
55 Minuten, ohne Abkühlzeit

Insgesamt:
E: 69 g, F: 213 g, Kh: 682 g, kJ: 21355, kcal: 5099

EINFACH

1 Für den Belag Aprikosen in einem Sieb gut abtropfen lassen und klein würfeln. Aus Milch, Sahne, Zucker und Pudding-Pulver einen Pudding zubereiten, etwas abkühlen lassen (dabei zwischendurch umrühren, damit sich keine Haut bildet) oder sofort Frischhaltefolie auf den Pudding legen.

2 Für den Teig Mehl in eine Rührschüssel sieben. Zucker, Butter oder Margarine, Mandeln und den Hermann-Teig hinzufügen. Die Zutaten mit Handrührgerät mit Knethaken zunächst kurz auf niedrigster, dann auf höchster Stufe gut durcharbeiten.

3 Anschließend auf einer bemehlten Arbeitsfläche zu einem glatten Teig verkneten. Sollte er kleben, ihn in Folie gewickelt eine Zeit lang kalt stellen.

4 Knapp ein Drittel des Teiges auf einer bemehlten Arbeitsfläche zu einer Platte (Ø 26 cm) ausrollen, in 2 cm breite Streifen schneiden und auf mit etwas Weizenmehl bestäubtes Backpapier legen. Zwei Drittel des restlichen Teiges auf einem Springformboden (Ø 26 cm, gefettet) ausrollen und den Springformrand darumstellen. Restlichen Teig zu einer Rolle formen, sie als Rand auf den Boden legen und so an die Form drücken, dass ein etwa 1 cm hoher Rand entsteht.

5 Pudding auf den Boden streichen, Aprikosenwürfel gleichmäßig darauf verteilen, Teigstreifen gitterförmig darüber legen und mit etwas Milch bestreichen. Die Form auf dem Rost in den Backofen schieben.

Ober-/Unterhitze: etwa 180 °C (vorgeheizt)
Heißluft: etwa 160 °C (nicht vorgeheizt)
Gas: Stufe 2–3 (nicht vorgeheizt)
Backzeit: etwa 45 Minuten.

6 Kuchen aus der Form lösen und auf einem Kuchenrost erkalten lassen.

Himbeer-Blüten-Torte

Zutaten

Für den Knetteig:
200 g Weizenmehl
125 g Zucker
100 g nicht abgezogene, gemahlene Mandeln
100 g Butter oder Margarine
1 Portion (200 g) Hermann-Teig

Zum Bestreichen und Bestreuen:
1 EL Kondensmilch
1 EL Zucker

Für den Belag:
6 Blatt weiße Gelatine
400 g Himbeerjoghurt
50 g Zucker
300 ml Schlagsahne

Zum Verzieren und Garnieren:
200 ml Schlagsahne
250 g Himbeeren

Nach Belieben zum Bestäuben:
Puderzucker

Zubereitungszeit:
75 Minuten, ohne Kühlzeit

Insgesamt:
E: 95 g, F: 311 g, Kh: 646 g, kJ: 24936, kcal: 5958

FÜR GÄSTE

1 Für den Teig Mehl in eine Rührschüssel sieben. Restliche Zutaten hinzufügen und mit Handrührgerät mit Knethaken zunächst kurz auf niedrigster, dann auf höchster Stufe gut durcharbeiten. Anschließend auf einer bemehlten Arbeitsfläche zu einem glatten Teig verkneten. Sollte er kleben, ihn in Folie gewickelt eine Zeit lang kalt stellen.

2 Zwei Drittel des Teiges auf dem Boden einer Springform (Ø 26 cm, Boden gefettet) ausrollen. Springformrand darumstellen. Die Form auf dem Rost in den Backofen schieben.

Ober-/Unterhitze: etwa 200 °C (vorgeheizt)
Heißluft: etwa 180 °C (vorgeheizt)
Gas: Stufe 3–4 (vorgeheizt)
Backzeit: etwa 15 Minuten.

3 Die Form auf einen Kuchenrost stellen. Springformrand entfernen. Den Tortenboden vom Springformboden lösen, aber darauf erkalten lassen.

4 Restlichen Teig auf der bemehlten Arbeitsfläche dünn ausrollen. Blüten und Blätter ausstechen, auf ein Backblech (mit Backpapier belegt) legen, mit Kondensmilch bestreichen und mit Zucker bestreuen. Das Backblech in den Backofen schieben und **bei gleicher Temperatur in etwa 12 Minuten** fertig backen. Die Gebäckblüten und -blätter mit dem Backpapier auf einen Kuchenrost ziehen, erkalten lassen.

5 Für den Belag Gelatine nach Packungsanleitung einweichen. Die ausgedrückte Gelatine in einem kleinen Topf unter Rühren erwärmen (nicht kochen), bis sie völlig gelöst ist, leicht abkühlen lassen. Joghurt mit Zucker verrühren. Gelatine mit 2–3 Esslöffeln von dem Joghurt verrühren, dann mit dem restlichen Joghurt verrühren. Joghurtmasse kalt stellen. Sahne steif schlagen. Sobald die Joghurtmasse anfängt dicklich zu werden, Sahne unterheben.

(Fortsetzung Seite 46)

6 Den Tortenboden auf eine Platte legen. Den gesäuberten Springformrand darumstellen. Die Sahne-Joghurt-Creme auf den Tortenboden geben und glatt streichen. Die Torte etwa 2 Stunden kalt stellen. Springformrand lösen und entfernen.

7 Zum Verzieren Sahne steif schlagen und in einen Spritzbeutel mit Sterntülle füllen. Sahnetuffs auf die Tortenoberfläche spritzen. Zum Garnieren Himbeeren verlesen. Die Torte mit den Gebäckblüten, -blättern und Himbeeren garnieren. Nach Belieben mit Puderzucker bestäuben.

Stachelbeer-Vanille-Torte

Zutaten

Zum Vorbereiten:
1 Glas Stachelbeeren (Abtropfgewicht 385 g)

Für den Knetteig:
250 g Weizenmehl
20 g Kakaopulver
125 g Zucker
100 g Butter oder Margarine
1 Portion (200 g) Hermann-Teig

Für die Füllung:
1 Pck. Backfeste Pudding Creme
250 ml (¼ l) Milch

Zubereitungszeit:
40 Minuten

Insgesamt:
E: 53 g, F: 103 g, Kh: 705 g, kJ: 17037, kcal: 4065

EINFACH

1 Zum Vorbereiten Stachelbeeren in einem Sieb abtropfen lassen. Für den Teig Mehl mit Kakao mischen und in eine Rührschüssel sieben. Zucker, Butter oder Margarine und den Hermann-Teig hinzufügen. Die Zutaten mit Handrührgerät mit Knethaken zunächst kurz auf niedrigster, dann auf höchster Stufe gut durcharbeiten. Anschließend auf einer bemehlten Arbeitsfläche zu einem glatten Teig verkneten. Sollte er kleben, ihn in Folie gewickelt eine Zeit lang kalt stellen.

2 Zwei Drittel des Teiges auf der bemehlten Arbeitsfläche zu einer runden Platte (Ø 28 cm) ausrollen und in eine Tarteform (Ø 26 cm, gefettet) legen, den Rand andrücken.

3 Für die Füllung aus Pudding Creme und Milch nach Packungsanleitung eine Creme zubereiten und auf den Teigboden streichen. Stachelbeeren gleichmäßig auf die Creme legen. Restlichen Teig in kleine Stücke zupfen und auf den Stachelbeeren verteilen. Die Form auf dem Rost in den Backofen schieben.

Ober-/Unterhitze: etwa 200 °C (vorgeheizt)
Heißluft: etwa 180 °C (nicht vorgeheizt)
Gas: Stufe 3–4 (nicht vorgeheizt)
Backzeit: etwa 40 Minuten.

4 Die Form auf einen Kuchenrost stellen. Die Torte erkalten lassen.

Erdbeer-Schütteltorte

Zutaten

Für den Schüttelteig:
175 g Weizenmehl
2 gestr. TL Backpulver
100 g Zucker
1 Ei (Größe M)
100 ml Speiseöl
1 Portion (200 g) Hermann-Teig

Für die Füllung:
2 Blatt weiße Gelatine
500 g Vanille-Pudding (aus dem Kühlregal)

Für den Belag:
500 g frische Erdbeeren
250 ml (¼ l) Schlagsahne
1 Pck. Vanillin-Zucker

Zum Bestreuen:
gehackte Pistazienkerne

Zubereitungszeit:
50 Minuten, ohne Kühlzeit

Insgesamt:
E: 75 g, F: 211 g, Kh: 579 g, kJ: 19521, kcal: 4664

GUT VORZUBEREITEN

1 Für den Teig Mehl mit Backpulver mischen, in eine verschließbare Schüssel (3-Liter-Inhalt) sieben, mit Zucker mischen. Ei, Speiseöl und den Hermann-Teig hinzufügen. Schüssel mit dem Deckel fest verschließen. Mehrmals (insgesamt 15–30 Sekunden) kräftig schütteln, so dass alle Zutaten gut vermischt sind. Alles mit einem Schneebesen oder Rührlöffel nochmals sorgfältig durchrühren, damit vor allem trockene Zutaten vom Rand mit untergerührt werden.

2 Den Teig in eine Springform (Ø 26 cm, Boden gefettet, mit Backpapier belegt) geben und glatt streichen. Die Form auf dem Rost in den Backofen schieben.

Ober-/Unterhitze: etwa 180 °C (vorgeheizt)
Heißluft: etwa 160 °C (vorgeheizt)
Gas: Stufe 2–3 (vorgeheizt)
Backzeit: etwa 25 Minuten.

3 Den Tortenboden aus der Form lösen, auf einen Rost stürzen, mitgebackenes Backpapier abziehen. Tortenboden erkalten lassen, einmal waagerecht durchschneiden.

4 Für die Füllung Gelatine in kaltem Wasser nach Packungsanleitung einweichen, leicht ausdrücken. Die ausgedrückte Gelatine in einem kleinen Topf unter Rühren erwärmen (nicht kochen), bis sie völlig gelöst ist, leicht abkühlen lassen. Pudding in eine Schüssel geben und kurz verrühren. Gelatine mit 2–3 Esslöffeln von dem Pudding verrühren, dann mit dem restlichen Pudding verrühren.

5 Den unteren Tortenboden auf eine Platte legen. Den Pudding darauf verteilen. Den oberen Tortenboden darauf legen und leicht andrücken. Etwa 1 Stunde kalt stellen.

6 Für den Belag Erdbeeren waschen, abtropfen lassen, entstielen und halbieren oder in Scheiben schneiden. Sahne mit Vanillin-Zucker steif schlagen. Die Tortenoberfläche damit bestreichen. Erdbeerhälften oder -scheiben darauf verteilen. Mit Pistazienkernen bestreuen.

Schoko-Quark-Torte

Zutaten

Für den Knetteig:
150 g Weizenmehl
50 g Zucker
75 g gemahlene Haselnusskerne
50 g Butter oder Margarine
1 Portion (200 g) Hermann-Teig

Für den Belag:
750 g Magerquark
100 g Zucker
1 Pck. Bourbon-Vanille-Zucker
3 Eigelb (Größe M)
100 ml Milch
1 Pck. Pudding-Pulver Schokolade
3 Eiweiß (Größe M)

Zum Verzieren:
200 ml Schlagsahne
1 Pck. Vanillin-Zucker

Zum Bestäuben:
etwas Kakaopulver

Zubereitungszeit:
60 Minuten, ohne Abkühlzeit

Insgesamt:
E: 164 g, F: 175 g, Kh: 571 g, kJ: 19597, kcal: 4680

RAFFINIERT

1 Für den Teig Mehl in eine Rührschüssel sieben. Restliche Zutaten hinzufügen und mit Handrührgerät mit Knethaken zunächst kurz auf niedrigster, dann auf höchster Stufe gut durcharbeiten. Anschließend auf einer bemehlten Arbeitsfläche zu einem glatten Teig verkneten. Sollte er kleben, ihn in Folie gewickelt eine Zeit lang kalt stellen.

2 Gut die Hälfte des Teiges auf dem Boden einer Springform (Ø 26 cm, Boden gefettet) ausrollen. Springformrand darumlegen. Die Form auf dem Rost in den Backofen schieben und den Boden vorbacken.

Ober-/Unterhitze: etwa 180 °C (vorgeheizt)
Heißluft: etwa 160 °C (vorgeheizt)
Gas: Stufe 2–3 (vorgeheizt)
Backzeit: etwa 12 Minuten.

3 Die Form auf einen Kuchenrost stellen. Den Tortenboden etwas abkühlen lassen. Restlichen Teig zu einer Rolle formen, sie als Rand auf den Boden legen und so an die Form drücken, dass ein etwa 4 cm hoher Rand entsteht.

4 Für den Belag Quark, Zucker, Vanille-Zucker, Eigelb und Milch mit Handrührgerät mit Rührbesen zu einer glatten Masse verrühren. Pudding-Pulver unterrühren. Eiweiß steif schlagen und unterheben. Die Quarkmasse auf den vorgebackenen Boden geben und glatt streichen. Die Form wieder auf dem Rost in den Backofen schieben und die Torte **bei gleicher Temperatur in etwa 50 Minuten** fertig backen.

5 Die Torte noch etwa 10 Minuten im ausgeschalteten Backofen stehen lassen, dann herausnehmen, aus der Form lösen und auf einem Kuchenrost erkalten lassen.

6 Zum Verzieren Sahne mit Vanillin-Zucker steif schlagen, in einen Spritzbeutel mit Lochtülle füllen und dicke, hohe Tupfen in die Mitte der Torte spritzen. Mit Kakao bestäuben.

Birnen-Schokoladen-Torte

Zutaten

Für den All-in-Teig:
225 g Weizenmehl
20 g Kakaopulver
3 gestr. TL Backpulver
150 g Zucker
3 Eier (Größe M)
100 g nicht abgezogene, gehackte Mandeln
125 ml (⅛ l) Speiseöl
1 Portion (200 g) Hermann-Teig

Für den Belag:
1 Dose Birnenhälften (Abtropfgewicht 460 g)

Für den Guss:
1 Pck. Tortenguss, klar
250 ml (¼ l) Birnensaft

Zum Verzieren:
200 ml Schlagsahne
1 Pck. Vanillin-Zucker
1 Pck. Sahnesteif

Nach Belieben zum Garnieren:
Schokoladenblätter

Zubereitungszeit:
40 Minuten, ohne Abkühlzeit

Insgesamt:
E: 89 g, F: 272 g, Kh: 632 g, kJ: 23199, kcal: 5543

EINFACH

1 Für den Teig Mehl mit Kakao und Backpulver mischen, in eine Rührschüssel sieben. Zucker, Eier, Mandeln, Speiseöl und den Hermann-Teig hinzufügen. Die Zutaten in 2 Minuten mit Handrührgerät mit Rührbesen auf höchster Stufe zu einem glatten Teig verarbeiten.

2 Den Teig in eine Springform (Ø 26 cm, Boden gefettet) geben und glatt streichen. Die Form auf dem Rost in den Backofen schieben.

Ober-/Unterhitze: etwa 180 °C (vorgeheizt)
Heißluft: etwa 160 °C (vorgeheizt)
Gas: Stufe 2–3 (vorgeheizt)
Backzeit: etwa 30 Minuten.

3 Den Tortenboden aus der Form lösen und auf einem Kuchenrost erkalten lassen.

4 Für den Belag Birnenhälften in einem Sieb gut abtropfen lassen, den Saft dabei auffangen und 250 ml (¼ l) davon abmessen. Birnenhälften in Spalten schneiden und auf dem Gebäckboden verteilen.

5 Für den Guss aus Tortengusspulver und dem aufgefangenen Birnensaft nach Packungsanleitung (aber mit den hier angegebenen Zutaten) einen Guss zubereiten und auf den Birnenspalten verteilen. Guss fest werden lassen.

6 Zum Verzieren Sahne mit Vanillin-Zucker und Sahnesteif steif schlagen, in einen Spritzbeutel mit Sterntülle füllen. Die Torte damit verzieren. Nach Belieben mit Schokoladenblättern garnieren.

Tipp: *Die Torte kann am Vortag zubereitet werden. Den Tortenboden einmal waagerecht durchschneiden und mit der steif geschlagenen Sahne füllen.*

Ruck-Zuck-Kuchen

Zutaten

Für den Hefeteig:
375 g Weizenmehl
1 Pck. Trockenhefe
50 g Zucker
1 Pck. Vanillin-Zucker
1 Pck. Finesse Geriebene Zitronenschale
50 g zerlassene, abgekühlte Butter oder Margarine
1 Becher (200 g) Schmand
1 Portion (200 g) Hermann-Teig

Zum Bestreichen und Bestreuen:
1 Becher (200 g) Schmand
100 g Kokosraspel

Zum Verzieren:
50 g Halbbitter-Kuvertüre oder Schokoladenglasur

Zubereitungszeit:
20 Minuten, ohne Teiggeh- und Abkühlzeit

Insgesamt:
E: 73 g, F: 210 g, Kh: 515 g, kJ: 18342, kcal: 4382

PREISWERT

1 Für den Teig Mehl in eine Rührschüssel sieben, mit Trockenhefe sorgfältig vermischen. Zucker, Vanillin-Zucker, Zitronenschale, Butter oder Margarine, Schmand und den Hermann-Teig hinzufügen. Die Zutaten mit Handrührgerät mit Knethaken zunächst auf niedrigster, dann auf höchster Stufe in etwa 5 Minuten zu einem Teig verarbeiten. Den Teig zugedeckt so lange an einem warmen Ort stehen lassen, bis er sich sichtbar vergrößert hat.

2 Den Teig leicht mit Mehl bestäuben, aus der Schüssel nehmen, auf einer bemehlten Arbeitsfläche nochmals kurz durchkneten und auf einem Backblech (30 x 40 cm, gefettet) ausrollen. Den Teigboden mit Schmand bestreichen und mit Kokosraspeln bestreuen. Den Teig nochmals zugedeckt so lange an einem warmen Ort gehen lassen, bis er sich sichtbar vergrößert hat. Das Backblech in den Backofen schieben.

Ober-/Unterhitze: etwa 220 °C (vorgeheizt)
Heißluft: etwa 200 °C (vorgeheizt)
Gas: Stufe 4–5 (vorgeheizt)
Backzeit: etwa 15 Minuten.

3 Das Backblech auf einen Kuchenrost stellen. Den Kuchen erkalten lassen.

4 Zum Verzieren Kuvertüre klein hacken, im Wasserbad bei schwacher Hitze auflösen oder Schokoladenglasur nach Packungsanleitung auflösen. Den Kuchen mit der Kuvertüre oder Glasur besprenkeln, fest werden lassen. Den Kuchen in Dreiecke schneiden.

Thüringer Mohn-Grieß-Kuchen

Zutaten

Für den Teig:
375 g Weizenmehl
1 Pck. Trockenhefe
50 g Zucker
1 Pck. Vanillin-Zucker
1 Ei (Größe M)
100 g zerlassene, abgekühlte Butter
100 ml lauwarme Milch
½ Portion (100 g) Hermann-Teig

Für den Belag:
2 Eier (Größe M)
1 l Milch
125 g Weizengrieß
250 g Mohnsamen, ganz
200 g Zucker
1 Pck. Bourbon-Vanille-Zucker
1 Pck. Finesse Geriebene Zitronenschale
100 g abgezogene, gehackte Mandeln

Zum Bestäuben:
50 g Puderzucker

Zubereitungszeit:
70 Minuten, ohne Teiggeh- und Abkühlzeit

Insgesamt:
E: 189 g, F: 309 g, Kh: 821 g, kJ: 29779, kcal: 7110

KLASSISCH

1 Für den Teig Mehl in eine Rührschüssel sieben, mit Trockenhefe sorgfältig vermischen. Zucker, Vanillin-Zucker, Ei, Butter, Milch und den Hermann-Teig hinzufügen.

2 Die Zutaten mit Handrührgerät mit Knethaken zunächst auf niedrigster, dann auf höchster Stufe in etwa 5 Minuten zu einem Teig verarbeiten. Den Teig zugedeckt so lange an einem warmen Ort stehen lassen, bis er sich sichtbar vergrößert hat.

3 Anschließend den Teig auf einer leicht mit Mehl bestäubten Arbeitsfläche nochmals kurz durchkneten. Den Teig auf einem Backblech (30 x 40 cm, gefettet) ausrollen. Evtl. einen Backrahmen darumstellen.

4 Für den Belag Eier trennen. Milch in einem großen Topf aufkochen und von der Kochstelle nehmen. Erst Grieß, Mohn und Zucker unterrühren, dann Eigelb, Vanille-Zucker, Zitronenschale und Mandeln unterrühren. Die Masse aufkochen und etwas abkühlen lassen.

5 Eiweiß steif schlagen und unterheben. Die Mohnmasse auf den Teig streichen und den Teig nochmals zugedeckt an einem warmen Ort gehen lassen, bis er sich sichtbar vergrößert hat. Das Backblech in den Backofen schieben.

Ober-/Unterhitze: etwa 180 °C (vorgeheizt)
Heißluft: etwa 160 °C (nicht vorgeheizt)
Gas: Stufe 2–3 (nicht vorgeheizt)
Backzeit: 30–35 Minuten.

6 Das Backblech auf einen Kuchenrost stellen und den Kuchen abkühlen lassen. Den Backrahmen entfernen, den Kuchen in Stücke schneiden und vor dem Servieren mit Puderzucker bestäuben.

Hermannkuchen mit Schmand und Sanddorn

Zutaten

Für den Knetteig:
375 g Weizenmehl
200 g Zucker
1 Pck. Vanillin-Zucker
200 g Butter oder Margarine
1 Portion (200 g) Hermann-Teig

Für den Belag:
500 g Schmand oder Crème fraîche
3 Eier (Größe M)
70 g Zucker
1–2 EL Zitronensaft

Für den Guss:
300 g Schmand oder Crème fraîche
3–4 EL Sanddorn Vollfrucht (aus der Flasche mit Zucker gesüßt, Reformhaus)

Zubereitungszeit:
40 Minuten

Insgesamt:
E: 98 g, F: 434 g, Kh: 799 g, kJ: 32078, kcal: 7663

EINFACH

1 Für den Teig Mehl in eine Rührschüssel sieben. Zucker, Vanillin-Zucker, Butter oder Margarine und den Hermann-Teig hinzufügen. Die Zutaten mit Handrührgerät mit Knethaken zunächst kurz auf niedrigster, dann auf höchster Stufe gut durcharbeiten.

2 Anschließend auf einer bemehlten Arbeitsfläche zu einem glatten Teig verkneten. Sollte er kleben, ihn in Folie gewickelt eine Zeit lang kalt stellen.

3 Den Teig auf einem Backblech (30 x 40 cm, gefettet) ausrollen.

4 Für den Belag Schmand oder Crème fraîche, Eier, Zucker und Zitronensaft verrühren und auf dem Teig verteilen. Das Backblech in den Backofen schieben.

Ober-/Unterhitze: etwa 200 °C (vorgeheizt)
Heißluft: etwa 180 °C (vogeheizt)
Gas: Stufe 3–4 (vorgeheizt)
Backzeit: etwa 40 Minuten.

5 Das Backblech auf einen Kuchenrost stellen.

6 Für den Guss Schmand oder Crème fraîche sofort nach dem Backen auf den heißen Kuchen streichen. Sanddorn Vollfrucht in einen Gefrierbeutel füllen, eine kleine Spitze abschneiden, Sanddorn in breiten Abständen von links nach rechts der Länge nach in dünnen Streifen auf den Schmand träufeln. Dann mit einem Holzstäbchen gitterartig Linien ziehen, dabei abwechselnd oben oder unten beginnen, so dass ein Muster entsteht. Den Kuchen erkalten lassen.

Tipp: *Sanddorn kann durch die gleiche Menge verrührtes Johannisbeer- oder Himbeergelee oder durch pürierte Früchte ersetzt werden.*

Spiegel-Kuchen

Zutaten

Für den Knetteig:
350 g Weizenmehl
30 g Kakaopulver
175 g Zucker
200 g Butter oder Margarine
1 Portion (200 g) Hermann-Teig

Für die Füllung:
500 g Erdbeeren, Himbeeren oder Sauerkirschen

Für den Belag:
8 Blatt weiße Gelatine
750 g Magerquark
150 g Zucker
50 ml Zitronensaft
400 ml Schlagsahne

Für den Spiegel-Guss:
6 Blatt rote Gelatine
500 ml (½ l) Erdbeer-, Himbeer- oder Sauerkirschsaft

Zubereitungszeit:
55 Minuten, ohne Einweich- und Kühlzeit

Insgesamt:
E: 194 g, F: 308 g, Kh: 897 g, kJ: 30881, kcal: 7380

FRUCHTIG

1 Für den Teig Mehl mit Kakao mischen und in eine Rührschüssel sieben. Restliche Zutaten hinzufügen und mit Handrührgerät mit Knethaken zunächst kurz auf niedrigster, dann auf höchster Stufe gut durcharbeiten. Anschließend auf einer bemehlten Arbeitsfläche zu einem glatten Teig verkneten. Sollte er kleben, ihn in Folie gewickelt eine Zeit lang kalt stellen. Den Teig auf einem Backblech (30 x 40 cm, gefettet) ausrollen. Einen Backrahmen darumstellen. Das Backblech in den Backofen schieben.

Ober-/Unterhitze: etwa 200 °C (vorgeheizt)
Heißluft: etwa 180 °C (vorgeheizt)
Gas: Stufe 3–4 (vorgeheizt)
Backzeit: etwa 20 Minuten.

2 Das Backblech auf einen Rost stellen. Gebäckboden erkalten lassen. Für die Füllung Erdbeeren waschen, abtropfen lassen und entstielen. Himbeeren verlesen oder Sauerkirschen waschen, abtropfen lassen, entstielen und entsteinen. Früchte auf dem Gebäckboden verteilen.

3 Für den Belag Gelatine nach Packungsanleitung einweichen. Die ausgedrückte Gelatine in einem kleinen Topf unter Rühren erwärmen (nicht kochen), bis sie völlig gelöst ist, leicht abkühlen lassen. Quark, Zucker und Zitronensaft gut verrühren. Gelatine mit 2–3 Esslöffeln der Quarkmasse verrühren, dann mit der restlichen Quarkmasse verrühren, kalt stellen. Sahne steif schlagen. Sobald die Masse anfängt dicklich zu werden, Sahne unterheben. Die Quark-Sahne-Masse auf den Früchten verteilen. Torte etwa 3 Stunden kalt stellen.

4 Den Guss in 2 Portionen zubereiten. Dafür zuerst 3 Blatt Gelatine nach Packungsanleitung einweichen. Die ausgedrückte Gelatine in einem kleinen Topf unter Rühren erwärmen (nicht kochen), bis sie völlig gelöst ist.

(Fortsetzung Seite 62)

5 Saft halbieren. Gelatine mit etwas Saft verrühren, dann mit restlichem Saft (1 Portion) gut verrühren, abkühlen lassen und vorsichtig auf die Quark-Sahne-Masse geben, etwa 1 Stunde kalt stellen. Restliche Gelatine mit restlichem Saft wie zuvor beschrieben zubereiten und auf dem fest gewordenen Guss verteilen. Kuchen wiederum etwa 1 Stunde kalt stellen. Den Backrahmen lösen und entfernen.

Butter-Mandel-Kuchen

Zutaten

Für den Hefeteig:
375 g Weizenmehl
1 Pck. Trockenhefe
50 g Zucker
1 Ei (Größe M)
100 g zerlassene, abgekühlte Butter
100 ml lauwarme Milch
½ Portion (100 g) Hermann-Teig

Zum Bestreichen und Bestreuen:
75 g zerlassene, etwas abgekühlte Butter
50 g abgezogene, gehobelte Mandeln, 50 g Zucker

Zubereitungszeit:
20 Minuten, ohne Teiggehzeit

Insgesamt:
E: 70 g, F: 186 g, Kh: 500 g, kJ: 17222, kcal: 4114

KLASSISCH

1 Für den Teig Mehl in eine Rührschüssel sieben, mit Trockenhefe sorgfältig vermischen. Zucker, Ei, Butter, Milch und den Hermann-Teig hinzufügen.

2 Die Zutaten mit Handrührgerät mit Knethaken zunächst auf niedrigster, dann auf höchster Stufe in etwa 5 Minuten zu einem Teig verarbeiten. Den Teig zugedeckt so lange an einem warmen Ort stehen lassen, bis er sich sichtbar vergrößert hat.

3 Den Teig leicht mit Mehl bestäuben, aus der Schüssel nehmen und auf einer bemehlten Arbeitsfläche nochmals kurz durchkneten.

4 Den Teig auf einem Backblech (30 x 40 cm, gefettet) ausrollen, mit Butter bestreichen, mit Mandeln und Zucker bestreuen. Den Teig nochmals so lange an einem warmen Ort gehen lassen, bis er sich sichtbar vergrößert hat. Das Backblech in den Backofen schieben.

Ober-/Unterhitze: etwa 220 °C (vorgeheizt)
Heißluft: etwa 200 °C (vorgeheizt)
Gas: Stufe 4–5 (vorgeheizt)
Backzeit: etwa 12 Minuten.

5 Das Backblech auf einen Kuchenrost stellen. Den Kuchen erkalten lassen und in beliebig große Stücke schneiden.

Nuss-Baileys-Kuchen

Zutaten

Für den Rührteig:
200 g Butter oder Margarine
200 g Zucker
1 Pck. Bourbon-Vanille-Zucker
6 Eigelb (Größe M)
1 Portion (200 g) Hermann-Teig
300 g gemahlene Haselnusskerne
100 g Zartbitter-Raspelschokolade
6 Eiweiß (Größe M)

Für den Belag:
800 ml Schlagsahne
40 g Zucker
2 Pck. Sahnesteif
50 ml Baileys (Creamlikör)

Zum Verzieren und Garnieren:
100 ml Baileys (Creamlikör)
50 g Zartbitter-Raspelschokolade

Zubereitungszeit:
50 Minuten, ohne Kühlzeit

Insgesamt:
E: 130 g, F: 691 g, Kh: 647 g, kJ: 41142, kcal: 9829

MIT ALKOHOL

1 Für den Teig Butter oder Margarine mit Handrührgerät mit Rührbesen auf höchster Stufe geschmeidig rühren. Nach und nach Zucker und Vanille-Zucker unterrühren. So lange rühren, bis eine gebundene Masse entstanden ist.

2 Eigelb nach und nach unterrühren (jedes Eigelb knapp ½ Minute). Hermann-Teig, Haselnusskerne und Raspelschokolade portionsweise auf mittlerer Stufe unterrühren. Eiweiß steif schlagen und vorsichtig unterheben.

3 Den Teig auf ein Backblech (30 x 40 cm, gefettet) geben und glatt streichen. Das Backblech in den Backofen schieben.

Ober-/Unterhitze: etwa 180 °C (vorgeheizt)
Heißluft: etwa 160 °C (vorgeheizt)
Gas: Stufe 2–3 (vorgeheizt)
Backzeit: etwa 30 Minuten.

4 Das Backblech auf einen Kuchenrost stellen. Den Gebäckboden erkalten lassen.

5 Für den Belag Sahne mit Zucker und Sahnesteif steif schlagen, Baileys vorsichtig unterheben. Die Sahnemasse auf den Gebäckboden geben und glatt streichen. Mit einem Teelöffel kleine Vertiefungen in die Sahne drücken und diese mit Baileys füllen. Mit Raspelschokolade bestreuen. Kuchen kalt stellen und gut gekühlt servieren.

Tipp: *Fruchtiger schmeckt der Kuchen, wenn der Gebäckboden mit 1 Glas Preiselbeeren (Einwaage 395 g) bestrichen wird. Einige Preiselbeeren zum Garnieren verwenden. Baileys kann durch Sahne mit 3 Esslöffeln Kakaopulver verrührt ersetzt werden, dann die Kuchenoberfläche mit aufgelöster Schokolade besprenkeln. Anstelle von Baileys kann auch sehr gut Eierlikör verwendet werden.*

Kirsch-Nester-Kuchen

Zutaten

Zum Vorbereiten:
1 Glas Sauerkirschen
(Abtropfgewicht 370 g)

Für den Knetteig:
400 g Weizenmehl
30 g Kakaopulver
200 g Zucker
1 Pck. Vanillin-Zucker
2 Eier (Größe M)
200 g Butter oder Margarine
1 Portion (200 g) Hermann-Teig

Für die Füllung:
1 kg Magerquark
250 g Zucker
2 Pck. Pudding-Pulver Vanille-Geschmack
4 Eier (Größe M)
250 g zerlassene, abgekühlte Butter oder Margarine

Zubereitungszeit:
45 Minuten

Insgesamt:
E: 242 g, F: 428 g, Kh: 1145 g, kJ: 40679, kcal: 9714

FÜR KINDER – GUT VORZUBEREITEN

1 Zum Vorbereiten Sauerkirschen in einem Sieb gut abtropfen lassen.

2 Für den Teig Mehl mit Kakao mischen und in eine Rührschüssel sieben. Zucker, Vanillin-Zucker, Eier, Butter oder Margarine und den Hermann-Teig hinzufügen. Die Zutaten mit Handrührgerät mit Knethaken zunächst kurz auf niedrigster, dann auf höchster Stufe gut durcharbeiten.

3 Anschließend auf einer bemehlten Arbeitsfläche zu einem glatten Teig verkneten. Sollte er kleben, ihn in Folie gewickelt eine Zeit lang kalt stellen.

4 Zwei Drittel des Teiges mit etwas Mehl bestäuben und auf einem Backblech (30 x 40 cm, gefettet) ausrollen.

5 Für die Füllung Quark, Zucker, Pudding-Pulver und Eier in eine Rührschüssel geben. Die Zutaten mit Handrührgerät mit Rührbesen zu einer geschmeidigen Masse verrühren. Zuletzt Butter oder Margarine hinzugeben. Die Quarkmasse auf den Teigboden geben und glatt streichen.

6 Die abgetropften Sauerkirschen in Nestern auf die Quarkmasse geben. Restlichen Teig in Stücke zupfen, evtl. etwas Mehl unterkneten und dekorativ zwischen den Kirschen verteilen. Das Backblech in den Backofen schieben.

Ober-/Unterhitze: etwa 180 °C (vorgeheizt)
Heißluft: etwa 160 °C (nicht vorgeheizt)
Gas: Stufe 2–3 (nicht vorgeheizt)
Backzeit: etwa 50 Minuten.

7 Das Backblech auf einen Kuchenrost stellen. Den Kuchen erkalten lassen.

Tipp: *Der Kuchen kann am Vortag zubereitet werden. Anstelle von Sauerkirschen Stachelbeeren oder Aprikosenhälften verwenden. Die Früchte können auch direkt auf den Teig gegeben werden, dann erinnert der Kuchen in der Optik an Russischen Zupfkuchen.*

Kokos-Bananen-Kuchen

Zutaten

Für den All-in-Teig:
300 g Weizenmehl
20 g Kakaopulver
1 Pck. Backpulver
150 g Zucker
4 Eier (Größe M)
150 ml Speiseöl
3 EL Milch
100 g Kokosraspel
1 Portion (200 g) Hermann-Teig
2 Bananen (je 150 g)

Für den Belag:
200 ml Schlagsahne
30 g Zucker
1 Pck. Sahnesteif
1 Becher (200 g) Schmand

Zum Bestreuen:
25 g Kokosraspel

Zum Garnieren:
1 Banane
Zitronensaft

Zubereitungszeit:
50 Minuten, ohne Abkühlzeit

Insgesamt:
E: 102 g, F: 371 g, Kh: 724 g,
kJ: 28641, kcal: 6844

FÜR KINDER

1 Für den Teig Mehl mit Kakao und Backpulver mischen, in eine Rührschüssel sieben. Zucker, Eier, Speiseöl, Milch, Kokosraspel und den Hermann-Teig hinzufügen. Die Zutaten in 2 Minuten mit Handrührgerät mit Rührbesen auf höchster Stufe zu einem glatten Teig verarbeiten. Bananen schälen, in kleine Würfel schneiden und vorsichtig unterheben.

2 Einen Backrahmen (26 x 26 cm) auf ein Backblech (mit Backpapier belegt) stellen. Den Teig hineingeben und glatt streichen. Das Backblech in den Backofen schieben.

Ober-/Unterhitze: etwa 180 °C (vorgeheizt)
Heißluft: etwa 160 °C (vorgeheizt)
Gas: Stufe 2–3 (vorgeheizt)
Backzeit: etwa 30 Minuten.

3 Das Backblech auf einen Kuchenrost stellen. Die Gebäckplatte erkalten lassen.

4 Für den Belag Sahne mit Zucker und Sahnesteif steif schlagen. Schmand vorsichtig unterheben. Sahne-Schmand-Masse auf die Gebäckplatte streichen.

5 Zum Bestreuen Kokosraspel in einer Pfanne ohne Fett unter Rühren hellbraun rösten, auf einen Teller geben und erkalten lassen.

6 Zum Garnieren Banane schälen und in Scheiben schneiden. Bananenscheiben mit Zitronensaft beträufeln und vor dem Servieren auf die Schmand-Sahne-Masse legen. Die Zwischenräume mit Kokosraspeln bestreuen. Den Backrahmen lösen und entfernen.

Tipp: *Die Kuchenoberfläche mit Bananenchips garnieren. Statt Kokosraspel können auch gehackte Haselnusskerne verwendet werden. Bananen können durch Sauerkirschen ersetzt werden.*

Mascarpone-Mandel-Kuchen

Zutaten

Zum Vorbereiten:
2 Dosen Birnenhälften
(Abtropfgewicht je 460 g)

Für den Rührteig:
200 g Butter oder Margarine
200 g Zucker
1 Pck. Bourbon-Vanille-Zucker
6 Eigelb (Größe M)
1 Portion (200 g) Hermann-Teig
300 g nicht abgezogene, gemahlene Mandeln
6 Eiweiß (Größe M)

Für den Belag:
400 ml Schlagsahne
40 g Zucker
2 Pck. Sahnesteif
500 g Mascarpone
(italienischer Frischkäse)
3 EL Birnensaft

Zum Bestäuben und Bestreuen:
2–3 EL Kakaopulver
2 EL abgezogene, gemahlene Mandeln

Zubereitungszeit:
60 Minuten, ohne Abkühlzeit

Insgesamt:
E: 159 g, F: 717 g, Kh: 596 g,
kJ: 41304, kcal: 9874

ETWAS TEURER

1 Zum Vorbereiten Birnenhälften in einem Sieb abtropfen lassen, den Saft dabei auffangen.

2 Für den Teig Butter oder Margarine mit Handrührgerät mit Rührbesen auf höchster Stufe geschmeidig rühren. Nach und nach Zucker und Vanille-Zucker unterrühren. So lange rühren, bis eine gebundene Masse entstanden ist.

3 Eigelb nach und nach unterrühren (jedes Eigelb knapp ½ Minute). Hermann-Teig und Mandeln unterrühren. Eiweiß steif schlagen und vorsichtig unterheben. Den Teig auf ein Backblech (30 x 40 cm, gefettet) geben und glatt streichen.

4 Das Backblech in den Backofen schieben.

Ober-/Unterhitze: etwa 180 °C (vorgeheizt)
Heißluft: etwa 160 °C (vorgeheizt)
Gas: Stufe 2–3 (vorgeheizt)
Backzeit: etwa 30 Minuten.

5 Das Backblech auf einen Kuchenrost stellen. Den Gebäckboden erkalten lassen. Einen Backrahmen darumstellen.

6 Birnenhälften in dünne Spalten schneiden und auf dem Gebäckboden verteilen.

7 Für den Belag Sahne mit Zucker und Sahnesteif steif schlagen. Mascarpone und Birnensaft glatt rühren, Sahne vorsichtig unterheben. Die Mascarpone-Sahne-Masse auf den Birnenspalten verteilen und glatt streichen. Die Kuchenoberfläche dick mit Kakao bestäuben. Mandeln in Streifen darauf streuen. Den Mandelkuchen kalt stellen. Den Backrahmen vorsichtig lösen und entfernen. Den Kuchen gut gekühlt servieren.

Bunter Obstkuchen

Zutaten

Für den Knetteig:
375 g Weizenmehl
200 g Zucker
200 g Butter oder Margarine
1 Portion (200 g) Hermann-Teig

Für die Füllung:
4 Blatt weiße Gelatine
2 Pck. Pudding-Pulver Vanille-Geschmack
75 g Zucker
750 ml (¾ l) Milch
2 Becher (je 200 g) Schmand

Für den Belag:
1,5 kg Beerenobst, z. B. Erdbeeren, Himbeeren, Brom- oder Heidelbeeren oder gemischtes Beerenobst

Für den Guss:
2 Pck. Tortenguss, klar
40 g Zucker
250 ml (¼ l) Apfelsaft
250 ml (¼ l) Wasser

Zubereitungszeit:
75 Minuten, ohne Abkühlzeit

Insgesamt:
E: 109 g, F: 284 g, Kh: 1106 g, kJ: 32071, kcal: 7661

FÜR KINDER

1 Für den Teig Mehl in eine Rührschüssel sieben. Zucker, Butter oder Margarine und den Hermann-Teig hinzufügen. Die Zutaten mit Handrührgerät mit Knethaken zunächst kurz auf niedrigster, dann auf höchster Stufe gut durcharbeiten. Anschließend auf einer bemehlten Arbeitsfläche zu einem glatten Teig verkneten. Sollte er kleben, ihn in Folie gewickelt eine Zeit lang kalt stellen.

2 Den Teig auf einem Backblech (30 x 40 cm, gefettet) ausrollen. Einen Backrahmen darumstellen. Das Backblech in den Backofen schieben.

Ober-/Unterhitze: etwa 200 °C (vorgeheizt)
Heißluft: etwa 180 °C (vorgeheizt)
Gas: Stufe 3–4 (vorgeheizt)
Backzeit: etwa 20 Minuten.

3 Das Backblech auf einen Kuchenrost stellen. Die Gebäckplatte erkalten lassen.

4 Für die Füllung Gelatine in kaltem Wasser nach Packungsanleitung einweichen. Aus Pudding-Pulver, Zucker und Milch nach Packungsanleitung (aber mit den hier angegebenen Zutaten) einen Pudding zubereiten. Gelatine leicht ausdrücken und mit 2–3 Esslöffeln von dem Pudding verrühren, dann mit dem restlichen Pudding verrühren, etwas abkühlen lassen, dann Schmand unterrühren. Die Pudding-Schmand-Masse auf der Gebäckplatte verteilen und erkalten lassen.

5 Für den Belag Erdbeeren waschen, abtropfen lassen und entstielen. Himbeeren verlesen. Brom- oder Heidelbeeren verlesen, abspülen, abtropfen lassen. Die Früchte dekorativ auf die Pudding-Schmand-Masse legen.

6 Für den Guss aus Tortengusspulver, Zucker, Apfelsaft und Wasser nach Packungsanleitung einen Guss zubereiten und auf den Früchten verteilen. Guss fest werden lassen. Den Backrahmen lösen und entfernen.

Rhabarber-Pfirsich-Kuchen

Zutaten

Für den Hefeteig:
375 g Weizenmehl
1 Pck. Trockenhefe
50 g Zucker
1 Pck. Vanillin-Zucker
1 Ei (Größe M)
75 g zerlassene, abgekühlte Butter
100 ml lauwarme Milch
½ Portion (100 g) Hermann-Teig

Für den Streuselteig:
150 g Weizenmehl
100 g kernige Haferflocken
150 g Zucker
etwas gemahlener Zimt
1 Prise Salz
175 g weiche Butter oder Margarine

Für den Belag:
6 reife Pfirsiche (etwa 700 g)
1 kg Rhabarber

Zubereitungszeit:
65 Minuten, ohne Teiggehzeit

Insgesamt:
E: 92 g, F: 225 g, Kh: 837 g, kJ: 24976, kcal: 5963

FRUCHTIG

1 Für den Teig Mehl in eine Rührschüssel sieben, mit Trockenhefe sorgfältig vermischen. Zucker, Vanillin-Zucker, Ei, Butter, Milch und den Hermann-Teig hinzufügen.

2 Die Zutaten mit Handrührgerät mit Knethaken zunächst auf niedrigster, dann auf höchster Stufe in etwa 5 Minuten zu einem Teig verarbeiten. Den Teig zugedeckt so lange an einem warmen Ort stehen lassen, bis er sich sichtbar vergrößert hat.

3 Für den Streuselteig Mehl in eine Rührschüssel sieben, mit Haferflocken, Zucker, Zimt und Salz mischen, Butter oder Margarine hinzufügen. Alle Zutaten mit Handrührgerät mit Knethaken zu Streuseln in gewünschter Größe verarbeiten. Streuselteig beiseite stellen.

4 Für den Belag Pfirsiche in kochendes Wasser legen (nicht kochen lassen), kurz in kaltem Wasser abschrecken. Pfirsiche enthäuten, halbieren, entsteinen. Das Fruchtfleisch in Spalten schneiden.

5 Den Rhabarber waschen, Stielenden und Blattansätze entfernen, Stangen in etwa 2 cm lange Stücke schneiden.

6 Den Teig leicht mit Mehl bestäuben, aus der Schüssel nehmen und auf einer bemehlten Arbeitsfläche kurz durchkneten. Teig auf einem Backblech (30 x 40 cm, gefettet) ausrollen. Obst darauf verteilen. Streusel darüber streuen. Den Teig zugedeckt nochmals so lange an einem warmen Ort gehen lassen, bis er sich sichtbar vergrößert hat. Das Backblech in den Backofen schieben.

Ober-/Unterhitze: etwa 180 °C (vorgeheizt)
Heißluft: etwa 160 °C (nicht vorgeheizt)
Gas: Stufe 2–3 (nicht vorgeheizt)
Backzeit: etwa 45 Minuten.

7 Das Backblech auf einen Kuchenrost stellen. Den Kuchen erkalten lassen.

Sahniger Orangen-Pudding-Kuchen

Zutaten

Für den Rührteig:
150 g Butter oder Margarine
150 g Zucker
1 Pck. Vanillin-Zucker
3 Eier (Größe M)
250 g Weizenmehl
2 gestr. TL Backpulver
1 Portion (200 g) Hermann-Teig

Für die Füllung:
2 Pck. Pudding-Pulver Vanille-Geschmack
50 g Zucker
250 ml (¼ l) Orangensaft
2 Eigelb (Größe M)
500 ml (½ l) Milch
2 Eiweiß (Größe M)

Für den Belag:
400 ml Schlagsahne
40 g Zucker
2 Pck. Sahnesteif
3 EL Orangensaft

Nach Belieben zum Garnieren:
einige Orangenfilets
Zitronenmelisse-Blättchen

Zubereitungszeit:
50 Minuten, ohne Abkühlzeit

Insgesamt:
E: 106 g, F: 306 g, Kh: 787 g, kJ: 27181, kcal: 6493

FRUCHTIG

1 Für den Teig Butter oder Margarine mit Handrührgerät mit Rührbesen auf höchster Stufe geschmeidig rühren. Nach und nach Zucker und Vanillin-Zucker unterrühren. So lange rühren, bis eine gebundene Masse entstanden ist.

2 Eier nach und nach unterrühren (jedes Ei etwa ½ Minute). Mehl mit Backpulver mischen, sieben, portionsweise mit dem Hermann-Teig auf mittlerer Stufe unterrühren. Den Teig auf ein Backblech (30 x 40 cm, gefettet) geben und glatt streichen.

3 Das Backblech in den Backofen schieben.

Ober-/Unterhitze: etwa 180 °C (vorgeheizt)
Heißluft: etwa 160 °C (vorgeheizt)
Gas: Stufe 2–3 (vorgeheizt)
Backzeit: etwa 25 Minuten.

4 Das Backblech auf einen Kuchenrost stellen. Den Gebäckboden erkalten lassen.

5 Für die Füllung Pudding-Pulver mit Zucker mischen, mit Orangensaft und Eigelb glatt rühren. Milch in einem Topf zum Kochen bringen, von der Kochstelle nehmen und angerührtes Pudding-Pulver einrühren. Den Pudding unter Rühren zum Kochen bringen, aufkochen lassen und von der Kochstelle nehmen. Eiweiß steif schlagen und sofort unter den heißen Pudding heben. Die Puddingmasse auf den Gebäckboden geben und glatt streichen, erkalten lassen.

6 Für den Belag Sahne mit Zucker und Sahnesteif steif schlagen. Orangensaft unterrühren, die Sahnemasse wellenartig auf die Puddingmasse streichen. Nach Belieben mit Orangenfilets und Zitronenmelisse-Blättchen garnieren.

Tipp: *Der Kuchen kann am Vortag zubereitet werden. Die Kuchenoberfläche mit Schoko-Butterkeksen garnieren.*

Süßer Zopf

Zutaten

Zum Vorbereiten:
1 kleine Dose Ananasscheiben (Abtropfgewicht 180 g)

Für den Hefeteig:
375 g Weizenmehl
1 Pck. Trockenhefe
50 g Zucker
1 Pck. Vanillin-Zucker
1 Ei (Größe M)
100 g zerlassene, abgekühlte Butter
100 ml lauwarme Milch
½ Portion (100 g) Hermann-Teig
100 g Kokosraspel

Zum Bestreichen:
1 Eigelb
1 EL Milch

Zubereitungszeit:
45 Minuten, ohne Teiggehzeit

Insgesamt:
E: 70 g, F: 167 g, Kh: 453 g, kJ: 15535, kcal: 3711

PREISWERT

1 Zum Vorbereiten Ananasscheiben in einem Sieb abtropfen lassen und in sehr kleine Würfel schneiden.

2 Für den Teig Mehl in eine Rührschüssel sieben, mit Trockenhefe sorgfältig vermischen. Zucker, Vanillin-Zucker, Ei, Butter oder Margarine, Milch und den Hermann-Teig hinzufügen.

3 Die Zutaten mit Handrührgerät mit Knethaken zunächst auf niedrigster, dann auf höchster Stufe in etwa 5 Minuten zu einem Teig verarbeiten. Ananaswürfel und Kokosraspel unterkneten. Den Teig zugedeckt so lange an einem warmen Ort stehen lassen, bis er sich sichtbar vergrößert hat.

4 Den Teig leicht mit Mehl bestäuben, aus der Schüssel nehmen, auf der bemehlten Arbeitsfläche nochmals kurz durchkneten und in drei gleich große Stücke teilen. Die Teigstücke jeweils zu etwa 30 cm langen Rollen formen. Aus den Rollen einen Zopf flechten und auf ein Backblech (gefettet, mit Backpapier belegt) legen. Teigzopf zugedeckt nochmals so lange an einem warmen Ort gehen lassen, bis er sich sichtbar vergrößert hat.

5 Eigelb mit Milch verschlagen. Den Teigzopf damit bestreichen. Das Backblech in den Backofen schieben.

Ober-/Unterhitze: etwa 180 °C (vorgeheizt)
Heißluft: etwa 160 °C (nicht vorgeheizt)
Gas: Stufe 2–3 (nicht vorgeheizt)
Backzeit: etwa 40 Minuten.

6 Den Zopf mit dem Backpapier vom Backblech auf einen Kuchenrost ziehen. Zopf erkalten lassen.

Tipp: *Anstelle der Ananaswürfel und Kokosraspel können auch getrocknete Aprikosen und abgezogene, gehackte Mandeln unter den Teig geknetet werden. Den Zopf vor dem Backen mit Hagelzucker oder abgezogenen, gehackten Mandeln bestreuen.*

Apfeltaschen

Zutaten

Zum Vorbereiten:
300 g Äpfel
3 EL Wasser
2 Pck. Vanillin-Zucker

Für den Knetteig:
250 g Weizenmehl
100 g Zucker
50 g Butter oder Margarine
100 g Magerquark
1 Portion (200 g) Hermann-Teig

Zum Bestreichen:
Kondensmilch
abgezogene, gehobelte Mandeln

Für den Guss:
100 g gesiebter Puderzucker
etwas Zitronensaft

Zubereitungszeit:
65 Minuten, ohne Abkühlzeit

Insgesamt:
E: 52 g, F: 49 g, Kh: 642 g, kJ: 13805, kcal: 3296

FÜR KINDER

1 Zum Vorbereiten Äpfel schälen, vierteln, entkernen, in Würfel schneiden. Apfelwürfel mit Wasser zum Kochen bringen und bei schwacher Hitze weich dünsten lassen. Vanillin-Zucker unterrühren. Kompott erkalten lassen.

2 Für den Teig Mehl in eine Rührschüssel sieben. Zucker, Butter oder Margarine, Quark und den Hermann-Teig hinzufügen. Die Zutaten mit Handrührgerät mit Knethaken zunächst kurz auf niedrigster, dann auf höchster Stufe gut durcharbeiten. Anschließend auf einer bemehlten Arbeitsfläche zu einem glatten Teig verkneten. Sollte er kleben, ihn in Folie gewickelt eine Zeit lang kalt stellen.

3 Den Teig auf der bemehlten Arbeitsfläche dünn ausrollen. Runde Platten (Ø etwa 12 cm) ausstechen. Die eine Hälfte jeder Teigplatte mit dem Apfelkompott belegen, zweite Teighälfte darüber klappen, Teigränder gut andrücken. Apfeltaschen auf Backbleche (mit Backpapier belegt) legen, mit Kondensmilch bestreichen und mit Mandeln bestreuen. Die Backbleche nacheinander (bei Heißluft zusammen) in den Backofen schieben.

Ober-/Unterhitze: etwa 180 °C (vorgeheizt)
Heißluft: etwa 160 °C (vorgeheizt)
Gas: Stufe 3–4 (vorgeheizt)
Backzeit: etwa 20 Minuten.

4 Apfeltaschen mit dem Backpapier auf je einen Kuchenrost ziehen, erkalten lassen. Für den Guss Puderzucker und Zitronensaft verrühren. Die Apfeltaschen damit besprenkeln. Guss fest werden lassen.

Aprikosen-Brötchen

Zutaten

Für den Hefeteig:
375 g Weizenmehl
1 Pck. Trockenhefe
50 g Zucker
75 g zerlassene, lauwarme Butter oder Margarine
125 ml (⅛ l) lauwarme Schlagsahne
1 Portion (200 g) Hermann-Teig
100 g getrocknete Aprikosen

Zum Bestreichen:
1 Eigelb
1 EL Milch

Zubereitungszeit:
35 Minuten, ohne Teiggehzeit

Insgesamt:
E: 66 g, F: 116 g, Kh: 594 g, kJ: 16023, kcal: 3828

FÜR KINDER

1 Für den Teig Mehl in eine Rührschüssel sieben, mit Trockenhefe sorgfältig vermischen. Zucker, Butter oder Margarine, Sahne und den Hermann-Teig hinzufügen.

2 Die Zutaten mit Handrührgerät mit Knethaken zunächst auf niedrigster, dann auf höchster Stufe in etwa 5 Minuten zu einem Teig verarbeiten. Aprikosen fein würfeln und unterarbeiten. Den Teig zugedeckt so lange an einem warmen Ort stehen lassen, bis er sich sichtbar vergrößert hat.

3 Den Teig leicht mit Mehl bestäuben, aus der Schüssel nehmen und auf der bemehlten Arbeitsfläche nochmals kurz durchkneten. Aus dem Teig 8 Brötchen formen und auf ein Backblech (gefettet, mit Backpapier belegt) legen. Teigbrötchen nochmals zugedeckt so lange an einem warmen Ort gehen lassen, bis sie sich sichtbar vergrößert haben. Die obere Seite der Teigbrötchen kreuzweise mit einer Schere etwa 1 cm tief einschneiden.

4 Zum Bestreichen Eigelb und Milch verschlagen. Die Teigbrötchen damit bestreichen. Das Backblech in den Backofen schieben.

Ober- /Unterhitze: etwa 180 °C (vorgeheizt)
Heißluft: etwa 160 °C (vorgeheizt)
Gas: Stufe 2–3 (vorgeheizt)
Backzeit: etwa 30 Minuten.

5 Die Brötchen mit dem Backpapier vom Backblech auf einen Kuchenrost ziehen. Brötchen erkalten lassen.

Tipp: *Es können auch zusätzlich 50 g gemahlene Bananen-Chips oder abgezogene, gemahlene Mandeln unter den Teig geknetet werden. Brötchen schmecken frisch am besten. Sehr lecker schmecken die Brötchen, wenn sie vor dem Backen zusätzlich mit Hagelzucker oder abgezogenen, gehobelten Mandeln bestreut werden.*

Mirabellen-Teilchen

Zutaten

Für den Knetteig:
200 g Weizenmehl
100 g Zucker
50 g Butter oder Margarine
100 g Magerquark
1 Portion (200 g) Hermann-Teig

Für den Belag:
100 g Marzipan-Rohmasse
1 Eigelb (Größe M)
2 EL Schmand
750 g frische Mirabellen oder
1 Glas entsteinte Mirabellen (Abtropfgewicht 340 g)

Zum Bestreichen und Bestreuen:
1 Eigelb
4 EL abgezogene, gehobelte Mandeln
3 EL Quittengelee

Zubereitungszeit:
65 Minuten

Insgesamt:
E: 80 g, F: 124 g, Kh: 635 g, kJ: 17324, kcal: 4139

FÜR GÄSTE

1 Für den Teig Mehl in eine Rührschüssel sieben. Zucker, Butter oder Margarine, Quark und den Hermann-Teig hinzufügen. Die Zutaten mit Handrührgerät mit Knethaken zunächst kurz auf niedrigster, dann auf höchster Stufe gut durcharbeiten.

2 Anschließend auf einer bemehlten Arbeitsfläche zu einem glatten Teig verkneten. Sollte er kleben, ihn in Folie gewickelt eine Zeit lang kalt stellen.

3 Für den Belag Marzipan-Rohmasse in kleine Stücke schneiden, mit Eigelb und Schmand in einen hohen Rührbecher geben. Die Zutaten mit Handrührgerät mit Rührbesen auf höchster Stufe geschmeidig rühren.

4 Frische Mirabellen waschen, trockentupfen und entsteinen. Mirabellen aus dem Glas in einem Sieb gut abtropfen lassen. Nach Belieben Früchte halbieren.

5 Den Teig auf der bemehlten Arbeitsfläche gut ½ cm dick ausrollen. Runde Platten (Ø etwa 10 cm) ausstechen. Teigplatten auf ein Backblech (gefettet, mit Backpapier belegt) legen. Mit je etwas von der Marzipancreme bestreichen. Am Rand etwas frei lassen. Mirabellen auf der Creme verteilen. Teigränder mit verschlagenem Eigelb bestreichen. Mit Mandeln bestreuen. Das Backblech in den Backofen schieben.

Ober-/Unterhitze: etwa 180 °C (vorgeheizt)
Heißluft: etwa 160 °C (vorgeheizt)
Gas: Stufe 2–3 (vorgeheizt)
Backzeit: 25–30 Minuten.

6 Das Gebäck mit dem Backpapier vom Backblech ziehen und auf einen Kuchenrost legen.

7 Zum Bestreichen Gelee in einem kleinen Topf unter Rühren erwärmen. Mirabellen noch heiß damit bestreichen. Das Gebäck erkalten lassen.

Brownies

Zutaten

Zum Vorbereiten:
125 g Blockschokolade
100 ml Speiseöl

Für den All-in-Teig:
200 g Weizenmehl
4 gestr. TL Backpulver
15 g Kakaopulver
100 g Zucker
2 Eier (Größe M)
1 Portion (200 g) Hermann-Teig

100 g grob gehackte Walnusskerne

Zum Bestreichen:
5 EL Rum, 25 g Zucker

Für den Guss:
75 g Blockschokolade
2 EL Speiseöl

Nach Belieben:
einige Walnusskernhälften

Zum Bestäuben:
Puderzucker

Zubereitungszeit:
45 Minuten, ohne Abkühlzeit

Insgesamt:
E: 81 g, F: 221 g, Kh: 605 g,
kJ: 21128, kcal: 5046

MIT ALKOHOL

1 Zum Vorbereiten Schokolade in kleine Stücke hacken, mit dem Speiseöl in einem kleinen Topf im Wasserbad bei schwacher Hitze zu einer geschmeidigen Masse verrühren, erkalten lassen.

2 Für den Teig Mehl mit Backpulver und Kakao mischen, in eine Rührschüssel sieben. Zucker, Eier, aufgelöste Schokolade und den Hermann-Teig hinzufügen. Die Zutaten in 2 Minuten mit Handrührgerät mit Rührbesen auf höchster Stufe zu einem glatten Teig verarbeiten. Walnusskerne unterrühren.

3 Den Teig auf zwei Drittel eines Backbleches (30 x 40 cm, gefettet) geben und glatt streichen. Das Backblech in den Backofen schieben.

Ober-/Unterhitze: etwa 180 °C (vorgeheizt)
Heißluft: etwa 160 °C (nicht vorgeheizt)
Gas: Stufe 2–3 (nicht vorgeheizt)
Backzeit: etwa 35 Minuten.

4 Das Backblech auf einen Kuchenrost stellen.

5 Zum Bestreichen Rum und Zucker in einem kleinen Topf erwärmen. Das Gebäck damit bestreichen und erkalten lassen.

6 Für den Guss Schokolade in kleine Stücke hacken, mit dem Speiseöl in einem kleinen Topf im Wasserbad bei schwacher Hitze zu einer geschmeidigen Masse verrühren. Den Guss auf dem Gebäck verteilen. In den Guss Markierungen in der Form eines Würfels (etwa 3 x 3 cm) ziehen (mit Hilfe eines Holzstäbchens), nach Belieben mit Walnusskernhälften garnieren. Guss fest werden lassen.

7 Das Gebäck in Würfel schneiden und mit Puderzucker bestäuben.

Knusperlocken

Zutaten

Für den Knetteig:
200 g Weizenmehl
100 g Zucker
100 g Magerquark
50 g Butter oder Margarine
30 g abgezogene, gehobelte Mandeln
1 Portion (200 g) Hermann-Teig

Zum Bestreichen und Bestreuen:
Kondensmilch
Zucker

Für die Füllung:
200 g frisches Obst, z. B. Himbeeren, Brombeeren oder Heidelbeeren
400 ml Schlagsahne
1 TL Zucker

Zubereitungszeit:
80 Minuten, ohne Abkühlzeit

Insgesamt:
E: 64 g, F: 188 g, Kh: 489 g, kJ: 16886, kcal: 4035

DAUERT ETWAS LÄNGER

1 Für den Teig Mehl in eine Rührschüssel sieben. Zucker, Quark, Butter oder Margarine, Mandeln und den Hermann-Teig hinzufügen. Die Zutaten mit Handrührgerät mit Knethaken zunächst kurz auf niedrigster, dann auf höchster Stufe gut durcharbeiten.

2 Anschließend auf einer bemehlten Arbeitsfläche zu einem glatten Teig verkneten. Sollte er kleben, ihn in Folie gewickelt eine Zeit lang kalt stellen.

3 Den Teig halbieren und auf der bemehlten Arbeitsfläche jeweils zu einem Rechteck (etwa 21 x 40 cm) ausrollen.

4 Die Teigrechtecke der Länge nach in etwa 3,5 cm breite Streifen schneiden. Jeweils einen Teigstreifen von der Spitze her so um eine Metallform (Schillerlockenform) wickeln, dass der Teigstreifen mit zwei Dritteln eine Rundung bedeckt und das letzte Drittel den vorhergehenden Streifen überlappt. Die Formen auf Backbleche (gefettet, mit Backpapier belegt) legen. Den Teig mit Milch bestreichen und mit Zucker bestreuen. Die Backbleche nacheinander (bei Heißluft zusammen) in den Backofen schieben.

Ober-/Unterhitze: etwa 200 °C (vorgeheizt)
Heißluft: etwa 180 °C (vorgeheizt)
Gas: Stufe 3–4 (vorgeheizt)
Backzeit: etwa 25 Minuten je Backblech

5 Die Knusperlocken mit dem Backpapier von den Backblechen auf je einen Kuchenrost ziehen und etwas abkühlen lassen. Dann von den Formen lösen und auf einem Kuchenrost erkalten lassen.

6 Für die Füllung Beeren verlesen. Sahne mit Zucker steif schlagen. Beeren unterheben. Die Knusperlocken mit der Beerensahne füllen.

Amaretto-Pflaumen-Muffins

Zutaten

Zum Vorbereiten:
150 g Pflaumen aus dem Glas (Abtropfgewicht 395 g)

Für den All-in Teig:
150 g Weizenmehl
2 gestr. TL Backpulver
75 g Zucker
3 Eier (Größe M)
50 g abgezogene, gemahlene Mandeln
75 ml Speiseöl
50 ml Amaretto (Mandellikör)
1 Portion (200 g) Hermann-Teig

Für die Form:
50 g abgezogene, gemahlene Mandeln

Zum Verzieren und Garnieren:
200 ml Schlagsahne
1 Pck. Vanillin-Zucker
einige abgetropfte Pflaumen

Zubereitungszeit:
40 Minuten, ohne Abkühlzeit

Insgesamt:
E: 78 g, F: 218 g, Kh: 465 g, kJ: 18389, kcal: 4394

DAUERT LÄNGER

1 Zum Vorbereiten Pflaumen in einem Sieb gut abtropfen lassen.

2 Für den Teig Mehl mit Backpulver mischen und in eine Rührschüssel sieben. Zucker, Eier, Mandeln, Speiseöl, Amaretto und den Hermann-Teig hinzufügen. Die Zutaten in 2 Minuten mit Handrührgerät mit Rührbesen auf höchster Stufe zu einem glatten Teig verarbeiten.

3 Den Teig in eine Muffinform (für 12 Muffins, gefettet, mit Mandeln ausgestreut) geben und glatt streichen.

4 Pflaumen klein schneiden und auf der Teigoberfläche verteilen. Die Form auf dem Rost in den Backofen schieben.

Ober- /Unterhitze: etwa 180 °C (vorgeheizt)
Heißluft: etwa 160 °C (vorgeheizt)
Gas: Stufe 2–3 (vorgeheizt)
Backzeit: etwa 30 Minuten.

5 Die Muffins 10 Minuten in der Form stehen lassen, dann aus der Form lösen und auf einem Kuchenrost erkalten lassen.

6 Zum Verzieren und Garnieren Sahne mit Vanillin-Zucker steif schlagen und in einen Spritzbeutel mit großer Sterntülle füllen. Auf jeden Muffin einen großen Tuff spritzen und mit Pflaumen garnieren.

Tipp: *Muffins schmecken am besten frisch. Statt Pflaumen können auch Aprikosenhälften aus der Dose verwendet werden. Statt mit Sahne können die Muffins auch mit einem Klecks aufgelöster Kuvertüre verziert werden. Der Teig kann zusätzlich mit etwas Zimtpulver oder 3 Tropfen Bittermandel-Aroma verfeinert werden.*

Schoko-Marzipan-Muffins

Zutaten

Für den All-in-Teig:
200 g Weizenmehl
2 gestr. TL Backpulver
30 g Kakaopulver
75 g Zucker
1 Pck. Bourbon-Vanille-Zucker
4 Eier (Größe M)
125 ml (⅛ l) Speiseöl
1 Portion (200 g) Hermann-Teig
150 g klein geschnittene Marzipan-Rohmasse

Nach Belieben zum Garnieren:
50 g Marzipan-Rohmasse

Zum Bestäuben:
etwas Kakaopulver

Zubereitungszeit:
15 Minuten, ohne Abkühlzeit

Insgesamt:
E: 97 g, F: 236 g, Kh: 520 g, kJ: 19892, kcal: 4751

FÜR KINDER

1 Für den Teig Mehl mit Backpulver und Kakao mischen und in eine Rührschüssel sieben. Zucker, Vanille-Zucker, Eier, Speiseöl und den Hermann-Teig hinzufügen. Die Zutaten in 2 Minuten mit Handrührgerät mit Rührbesen auf höchster Stufe zu einem glatten Teig verarbeiten. Klein geschnittenes Marzipan kurz unterheben.

2 Den Teig in eine Muffinform (für 12 Muffins, gefettet, gemehlt) füllen. Die Form auf dem Rost in den Backofen schieben.

Ober-/Unterhitze: etwa 180 °C (vorgeheizt)
Heißluft: etwa 160 °C (vorgeheizt)
Gas: Stufe 2–3 (vorgeheizt)
Backzeit: etwa 30 Minuten.

3 Die Muffins 10 Minuten in der Form stehen lassen, dann aus der Form lösen und auf einem Kuchenrost erkalten lassen.

4 Nach Belieben zum Garnieren Marzipan-Rohmasse zwischen Klarsichtfolie dünn ausrollen, beliebige Motive ausstechen. Die Muffins mit den Motiven belegen und mit Kakao bestäuben.

Tipp: *Falls keine Muffinform vorhanden ist, kann der Teig auch in zwölf 2-fach ineinander gestellte Papierbackförmchen gefüllt werden. Papierbackförmchen auf ein Backblech geben und bei gleicher Backofeneinstellung backen.*

Cola-Kirsch-Muffins*

Zutaten

Zum Vorbereiten:
1 kleines Glas Sauerkirschen (Abtropfgewicht 155 g)

Für den All-in-Teig:
175 g Weizenmehl
25 g Kakaopulver
2 gestr. TL Backpulver
75 g Zucker
3 Eier (Größe M)
75 ml Speiseöl
100 ml Coca-Cola
1 Portion (200 g) Hermann-Teig

Für den Guss:
125 g gesiebter Puderzucker
1 gestr. TL Kakaopulver
2–3 EL Coca-Cola
Sauerkirschen

Zubereitungszeit:
35 Minuten, ohne Abkühlzeit

Insgesamt:
E: 59 g, F: 108 g, Kh: 589 g, kJ: 15312, kcal: 3656

FÜR KINDER

1 Zum Vorbereiten Sauerkirschen in einem Sieb gut abtropfen lassen.

2 Für den Teig Mehl mit Kakao und Backpulver mischen, in eine Rührschüssel sieben. Zucker, Eier, Speiseöl, Coca-Cola und den Hermann-Teig hinzufügen. Die Zutaten in 2 Minuten mit Handrührgerät mit Rührbesen auf höchster Stufe zu einem glatten Teig verarbeiten. Sauerkirschen vorsichtig unterheben.

3 Den Teig in eine Muffinform (für 12 Muffins, gefettet, gemehlt) geben und glatt streichen. Die Form auf dem Rost in den Backofen schieben.

Ober-/Unterhitze: etwa 180 °C (vorgeheizt)
Heißluft: etwa 160 °C (vorgeheizt)
Gas: Stufe 2–3 (vorgeheizt)
Backzeit: etwa 30 Minuten.

4 Die Muffins 10 Minuten in der Form stehen lassen, dann aus der Form lösen und auf einem Kuchenrost erkalten lassen.

5 Für den Guss Puderzucker und Kakao mischen, mit Coca-Cola zu einer dickflüssigen Masse verrühren. Den Guss mit einem Teelöffel auf den Muffins verteilen und mit Kirschen belegen. Guss fest werden lassen.

Tipp: *Muffins schmecken am besten frisch. Anstelle von Coca-Cola können Sie auch Coca-Cola light verwenden. Für Kinder Muffins mit Colafläschchen aus dem Süßwaren-Regal verzieren. Belegen Sie vor dem Backen zusätzlich die Muffins mit einem halben Glas gut abgetropfter Sauerkirschen (Abtropfgewicht 185 g).*

** Rezept nicht durch Coca-Cola autorisiert.*

Orangen-Muffins

Zutaten

Für den All-in-Teig:
200 g Weizenmehl
2 TL Backpulver
75 g Zucker
1 Pck. Finesse Orangenfrucht
3 Eier (Größe M)
100 ml Speiseöl
75 ml Orangen- oder Mandarinensaft
1 Portion (200 g) Hermann-Teig

Für den Belag:
150 g Orangenfilets oder Mandarinen

Nach Belieben zum Bestreichen:
1 EL Orangenmarmelade oder Aprikosenkonfitüre

Zum Garnieren:
gewürfeltes Orangeat
einige Orangenfilets

Zubereitungszeit:
25 Minuten, ohne Abkühlzeit

Insgesamt:
E: 58 g, F: 126 g, Kh: 468 g, kJ: 14025, kcal: 3351

FÜR KINDER - EINFACH

1 Für den Teig Mehl mit Backpulver mischen und in eine Rührschüssel sieben. Zucker, Orangenfrucht, Eier, Speiseöl, Orangen- oder Mandarinensaft und den Hermann-Teig hinzufügen. Die Zutaten in 2 Minuten mit Handrührgerät mit Rührbesen auf höchster Stufe zu einem glatten Teig verarbeiten.

2 Den Teig in eine Muffinform (für 12 Muffins, gefettet, gemehlt) geben. Klein geschnittene Orangenfilets oder Mandarinenspalten auf den Teig legen. Die Form auf dem Rost in den Backofen schieben.

Ober-/Unterhitze: etwa 180 °C (vorgeheizt)
Heißluft: etwa 160 °C (vorgeheizt)
Gas: Stufe 2–3 (vorgeheizt)
Backzeit: etwa 30 Minuten.

3 Die Muffins 10 Minuten in der Form stehen lassen, dann aus der Form lösen und auf einem Kuchenrost erkalten lassen.

4 Nach Belieben Orangenmarmelade oder Aprikosenkonfitüre erwärmen. Die Muffins damit bestreichen, mit Orangeatwürfeln und Orangenfilets garnieren.

Fanta-Waffeln*

Zutaten

Für den All-in-Teig:
350 g Weizenmehl
1 Pck. Backpulver
150 g Zucker
4 Eier (Größe M)
150 g Butter oder Margarine
150 ml Fanta (Orangenlimonade)
1 Portion (200 g) Hermann-Teig

Zum Bestäuben:
Puderzucker

Zubereitungszeit:
50 Minuten, ohne Abkühlzeit

Insgesamt:
E: 81 g, F: 158 g, Kh: 632 g, kJ: 18443, kcal: 4405

FÜR KINDER

* *Rezept nicht durch Coca-Cola autorisiert.*

1 Für den Teig Mehl mit Backpulver mischen und in eine Rührschüssel sieben. Zucker, Eier, Butter oder Margarine, Fanta und den Hermann-Teig hinzufügen. Die Zutaten in 2 Minuten mit Handrührgerät mit Rührbesen auf höchster Stufe zu einem glatten Teig verarbeiten.

2 Den Teig in nicht zu großen Portionen in ein gut erhitztes Waffeleisen (gefettet) füllen. Die Waffeln goldbraun backen und einzeln auf einem Kuchenrost erkalten lassen.

3 Die Waffeln vor dem Servieren mit Puderzucker bestäuben.

Tipp: *Die Waffeln schmecken auch warm sehr gut. Anstelle der Orangenlimonade können Sie auch Zitronenlimonade oder Mineralwasser verwenden. Waffeln mit Orangenfilets und geschlagener Sahne servieren. Noch fruchtiger schmecken die Waffeln, wenn Sie zusätzlich 1 Päckchen Finesse Orangenfrucht unter den Teig rühren. Knuspriger werden die Waffeln, wenn Sie für den Teig vorher die Butter oder Margarine zerlassen, wieder etwas fest werden lassen und anschließend kurz aufschlagen.*

Abwandlung: *Statt Fanta-Waffeln können Sie auch sehr gut* ***Apfel-Waffeln*** *zubereiten. Dafür aus 350 g Weizenmehl, 1 Päckchen Backpulver, 200 g Zucker, etwas gemahlenem Zimt, 150 g Butter oder Magarine, 4 Eiern (Größe M), 150 ml Milch und 1 Portion (200 g) Hermann-Teig einen All-in-Teig (s. Fanta Waffeln) zubereiten. Zusätzlich 2 Äpfel schälen, halbieren, entkernen, grob raspeln und unter den Teig rühren. Die Waffeln wie unter Punkt 2 beschrieben goldbraun backen und vor dem Servieren mit Puderzucker bestäuben.*

Tipp: *Die Waffeln schmecken auch warm sehr gut. Servieren Sie die Waffeln mit Vanille- oder Walnusseis und geschlagener Sahne. Fruchtiger schmecken die Waffeln, wenn Sie zusätzlich 1 Päckchen Finesse Geriebene Zitronenschale unter den Teig rühren.*

Wildfrucht-Napfküchlein

Zutaten

Für den All-in-Teig:
200 g Weizenmehl
3 gestr. TL Backpulver
75 g Zucker
1 Pck. Bourbon-Vanille-Zucker
3 Eier (Größe M)
100 ml Speiseöl
1 Pck. (200 g) Doppelrahm-Frischkäse
1 Portion (200 g) Hermann-Teig

Für die Füllung:
1 Glas (200 g) Cranberry-Wildfruchtaufstrich (Reformhaus)

Zubereitungszeit:
65 Minuten

Insgesamt:
E: 79 g, F: 190 g, Kh: 504 g, kJ: 17518, kcal: 4185

GUT VORZUBEREITEN

1 Für den Teig Mehl mit Backpulver mischen und in eine Rührschüssel sieben. Zucker, Vanille-Zucker, Eier, Speiseöl, Frischkäse und den Hermann-Teig hinzufügen. Die Zutaten in 2 Minuten mit Handrührgerät mit Rührbesen auf höchster Stufe zu einem glatten Teig verarbeiten.

2 Jeweils gut 1 Esslöffel Teig in 6 kleine Napfkuchenformen (Ø 10 cm, gefettet, gemehlt) geben. Je 1 Teelöffel von dem Fruchtaufstrich darauf verteilen, wieder mit jeweils gut 1 Esslöffel Teig bedecken und mit je 1 Teelöffel Fruchtaufstrich bestreichen. So weiter verfahren, bis der Teig aufgebraucht ist. Die letzte Schicht soll aus Teig bestehen.

3 Die Formen auf dem Rost in den Backofen schieben.

Ober-/Unterhitze: etwa 180 °C (vorgeheizt)
Heißluft: etwa 160 °C (nicht vorgeheizt)
Gas: Stufe 2–3 (nicht vorgeheizt)
Backzeit: etwa 35 Minuten.

4 Die Formen auf einen Kuchenrost stellen. Die Napfküchlein sofort mit der Hälfte des restlichen Fruchtaufstrichs bestreichen. Die Napfküchlein etwa 10 Minuten in den Formen abkühlen lassen, dann aus den Formen lösen und auf einen mit Backpapier belegten Kuchenrost stürzen.

5 Den restlichen Fruchtaufstrich in einem kleinen Topf unter Rühren erwärmen. Die Napfküchlein von außen mit Hilfe eines Pinsels bestreichen, erkalten lassen.

Grundrezept Siegfried-Teig

Zutaten

Für den Teigansatz:
1 Tasse (100 g) Weizenmehl (Type 405)
1 EL Zucker
½ Pck. Trockenhefe
1 Tasse (150 ml) lauwarmes Wasser

1 Für den Teigansatz Mehl in eine verschließbare Schüssel (keine Metallschüssel) sieben. Mit Zucker und Trockenhefe mischen. Wasser hineingeben. Die Zutaten von der Mitte aus mit einem Rührlöffel zu einem glatten Teig verarbeiten. Die Schüssel mit dem Deckel fest verschließen. Für den Teigansatz nur Holz- oder Kunststofflöffel verwenden.

2 Den Teigansatz zwei Tage an einem warmen Ort stehen lassen (dabei ab und zu umrühren). Anschließend 24 Stunden in den Kühlschrank stellen.

3 Von nun an so weitermachen, als hätten Sie den Siegfried-Teig geschenkt bekommen:

Verarbeitung eines geschenkten „Siegfried":
1. Tag: ruhen
2. Tag: umrühren
3. Tag: umrühren
4. Tag: umrühren

5. Tag: in ein größeres Gefäß umfüllen und füttern, dazu
1 Tasse (100 g) Weizenmehl
2 EL Zucker
1 Tasse (150 ml) Wasser oder Milch
hinzufügen und verrühren.

6. Tag: umrühren
7. Tag: umrühren
8. Tag: umrühren
9. Tag: umrühren

10. Tag: noch einmal füttern, dazu
1 Tasse (100 g) Weizenmehl
2 EL Zucker
1 Tasse (150 ml) Wasser oder Milch
hinzufügen und gut verrühren.

Wichtig

Bewahren Sie den Teig während der 10-tägigen-Zubereitung in einem gut verschlossenen Gefäß im Kühlschrank auf. Wenn der „Siegfried" zu warm steht, kann die Milchsäuregärung in Essigsäuregärung umschlagen. Dann wird der Teig ungenießbar und riecht sehr unangenehm. Während der Ruhezeiten kann sich etwas Flüssigkeit an der Oberfläche absetzen. Das hat jedoch keine Bedeutung für die Weiterverarbeitung.

Den dickflüssigen Siegfried-Teigansatz in drei gleich große Teile teilen, je etwa 200 g (einen Teil weitergeben, einen Teil einfrieren).

Den dritten Teil wie folgt weiterverarbeiten:
3 Tassen (je 100 g) Weizenmehl
1 Tasse (100 g) Vollkorn-Weizenmehl
1 Pck. Trockenhefe
1 Tasse (150 ml) lauwarmes Wasser
125 ml (⅛ l) Buttermilch
1 gestr. TL Salz
1 Portion (200 g) Siegfried-Teig
150 g durchwachsener Speck, in Würfel geschnitten
100 g Röstzwiebeln (fertig gekauft)

1 Beide Mehlsorten in eine Schüssel geben, mit der Hefe vermischen.

2 Lauwarmes Wasser, Buttermilch, Salz und den Siegfried-Teig hinzufügen, mit Handrührgerät mit Knethaken zunächst auf niedrigster, dann auf höchster Stufe in etwa 5 Minuten zu einem glatten Teig verarbeiten.
Den Teig zugedeckt an einem warmen Ort so lang gehen lassen, bis er sich sichtbar vergrößert hat.

3 Den Teig auf der gemehlten Arbeitsfläche kurz durchkneten, dabei Speckwürfel und Röstzwiebeln unterkneten. Den Teig zu einem länglichen Brot formen, auf ein Backblech (mit Backpapier belegt) legen und nochmals gehen lassen. Das Backblech in den Ofen schieben.

Ober-/Unterhitze: etwa 180 °C (vorgeheizt)
Heißluft: etwa 160 °C (nicht vorgeheizt)
Gas: Stufe 2–3 (nicht vorgeheizt)
Backzeit: etwa 50 Minuten.

Tipp: *Der Teigansatz oder der fertige Teig kann bis zu 3 Monate eingefroren werden.*

Zwiebel-Käse-Wähe

Zutaten

Zum Vorbereiten:
500 g Zwiebeln
100 g durchwachsener Speck
2 EL Speiseöl

Für den Teig:
250 g Weizenmehl
1 TL Salz
100 g Butter oder Margarine
2 EL kaltes Wasser
1 Portion (200 g) Siegfried-Teig

Für den Belag:
100 g geriebener Käse, z. B. Emmentaler
2 Eier (Größe M)
100 ml Schlagsahne oder Milch
Salz
frisch gemahlener weißer Pfeffer
Paprikapulver

Zubereitungszeit:
40 Minuten, ohne Abkühlzeit

Insgesamt:
E: 101 g, F: 248 g, Kh: 310 g, kJ: 16969, kcal: 4053

FÜR GÄSTE

1 Zum Vorbereiten Zwiebeln abziehen und in feine Ringe schneiden. Speck in feine Streifen schneiden. Speiseöl in einem Topf erhitzen, Zwiebelringe darin andünsten. Speckstreifen unterrühren. Speck-Zwiebel-Masse etwas abkühlen lassen.

2 Für den Teig Mehl in eine Rührschüssel sieben. Salz, Butter oder Margarine, Wasser und den Siegfried-Teig hinzufügen. Die Zutaten mit Handrührgerät mit Knethaken zunächst kurz auf niedrigster, dann auf höchster Stufe zu einem glatten Teig verarbeiten.

3 Den Teig auf einer bemehlten Arbeitsfläche zu einer runden Platte (Ø etwa 32 cm) ausrollen und in eine Tarte- oder Springform (Ø 28 cm, gefettet) legen. Den Rand etwas hochdrücken. Bei der Tarteform den überstehenden Teigrand abschneiden.

4 Für den Belag Käse, Eier, Sahne oder Milch, Salz, Pfeffer und Paprika zur Speck-Zwiebel-Masse geben und unterrühren. Die Masse auf dem Teigboden verteilen. Die Form auf dem Rost in den Backofen schieben.

Ober-/Unterhitze: etwa 200 °C (vorgeheizt)
Heißluft: etwa 180 °C (vorgeheizt)
Gas: Stufe 3–4 (vorgeheizt)
Backzeit: etwa 30 Minuten.

5 Die Form auf einen Kuchenrost stellen. Die Wähe warm oder kalt servieren.

Tipp: *Statt mit Zwiebeln schmeckt der Zwiebelkuchen auch sehr gut mit der gleichen Menge Porree (Lauch) und 100 g Lachs oder 500 g gemischtem Gemüse aus kleinen gegarten Blumenkohl- und Brokkoliröschen mit 100 g Cocktailtomaten. Servieren Sie den Gemüsekuchen mit Federweißer. Der Teig und die Füllung können vorher zubereitet werden und zugedeckt im Kühlschrank aufbewahrt werden.*

Fladen-Pizza

Zutaten

Für den Teig:
350 g Weizenmehl
1 Pck. Hefeteig Garant
1 TL Salz
150 ml Wasser
2 EL Speiseöl
1 Portion (200 g) Siegfried-Teig

Für den Belag:
6 Tomaten
je 1 rote und grüne Paprikaschote

Zum Bestreichen:
5 EL Tomatenmark

Zum Bestreuen:
2 TL Pizza-Gewürz

150 g Salamischeiben
200 g Pizza-Käse

Zubereitungszeit:
30 Minuten, ohne Ruhezeit

Insgesamt:
E: 161 g, F: 137 g, Kh: 448 g, kJ: 28995, kcal: 4080

FÜR GÄSTE

1 Für den Teig Mehl in eine Rührschüssel sieben und dem Hefeteig Garant sorgfältig vermischen. Salz, Wasser, Speiseöl und den Siegfried-Teig hinzufügen. Die Zutaten mit Handrührgerät mit Knethaken in etwa 2 Minuten zu einem glatten Teig verarbeiten.

2 Den Teig halbieren. Jeweils eine Teighälfte auf je einem Backblech (gefettet) zu einem ovalen Fladen ausrollen.

3 Für den Belag Tomaten waschen, abtrocknen, die Stängelansätze herausschneiden. Tomaten in Scheiben schneiden. Paprikaschoten halbieren, entstielen, entkernen, die weißen Scheidewände entfernen, Schoten waschen und in Würfel schneiden.

4 Die Teigfladen mit Tomatenmark bestreichen und mit dem Gewürz bestreuen. Tomatenscheiben, Paprikawürfel und Salamischeiben darauf verteilen. Mit Käse bestreuen. Teigfladen-Pizza zugedeckt etwa 15 Minuten ruhen lassen. Die Backbleche nacheinander (bei Heißluft zusammen) in den Backofen schieben.

Ober-/Unterhitze: etwa 200 °C (vorgeheizt)
Heißluft: etwa 180 °C (vorgeheizt)
Gas: etwa Stufe 4 (vorgeheizt)
Backzeit: etwa 25 Minuten.

5 Die Fladen-Pizzen vom Backblech lösen und sofort servieren.

Tipp: *Anstelle der Garant-Hefe kann auch 1 Päckchen Trockenhefe verwendet werden, dann jedoch den Teig nach der Zubereitung zugedeckt stehen lassen, bis er sich sichtbar vergrößert hat. Zum Bestreichen anstelle des Tomatenmarks Tomatenketchup oder eine fertige Sauce verwenden. Die Fladen-Pizzen z. B. mit 4 Tomaten, 150 g Putenbrust (angebraten), 100 g gegarten TK-Erbsen, 100 g gut abgetropften Pfirsichspalten und 150 g Pizza-Käse, Camenbert oder Mozzarella belegen.*

Pizzakranz

Zutaten

Zum Vorbereiten:
je 1 kleine rote und grüne Paprikaschote (je etwa 200 g)
2 Frühlingszwiebeln
150 g Salami oder Speck
125 g Käse, z. B. Emmentaler

Für den Teig:
400 g Weizenmehl
1 Pck. Hefeteig Garant
100 g gemischte Körner, z. B. Fünf-Korn-, Sonnenblumen- oder Kürbiskerne
1 TL Salz, 2 TL Pizza-Gewürz
1 Flasche (0,3 l) helles Bier
75 ml Speiseöl
1 Portion (200 g) Siegfried-Teig

Für die Form:
gemischte Körner

Zum Garnieren:
500 g Kräuter- oder Knoblauchquark
2 Frühlingszwiebeln
evtl. in Ringe geschnittene Paprikaschoten

Zubereitungszeit:
65 Minuten, ohne Ruhezeit

Insgesamt:
E: 250 g, F: 268 g, Kh: 928 g, kJ: 31495, kcal: 7527

FÜR GÄSTE

1 Zum Vorbereiten Paprikaschoten halbieren, entstielen, entkernen, die weißen Scheidewände entfernen. Die Schoten waschen und in Würfel schneiden. Frühlingszwiebeln putzen, waschen und in Ringe schneiden. Salami oder Speck und Käse ebenfalls in Würfel schneiden.

2 Für den Teig Mehl in eine Rührschüssel sieben, mit Hefeteig Garant sorgfältig vermischen. Fünf-Korn-, Sonnenblumen- oder Kürbiskerne, Salz, Pizza-Gewürz, Bier, Speiseöl und den Siegfried-Teig hinzufügen. Die Zutaten mit Handrührgerät mit Knethaken zunächst auf niedrigster, dann auf höchster Stufe in etwa 2 Minuten zu einem glatten Teig verarbeiten. Paprikawürfel, Zwiebelringe, Salami- oder Speck- und Käsewürfel gut unterrühren.

3 Den Teig in eine Kranzform (Ø 26 cm, gut gefettet, mit den entsprechenden Körnern so ausgestreut, dass ein Muster entsteht) geben und mit einem Messer (zuvor in Wasser eingetaucht) glatt streichen. Den Teig zugedeckt etwa 15 Minuten ruhen lassen.

4 Die Form auf dem Rost in den Backofen schieben.

Ober-/Unterhitze: etwa 180 °C (vorgeheizt)
Heißluft: etwa 160 °C (nicht vorgeheizt)
Gas: Stufe 2–3 (nicht vorgeheizt)
Backzeit: etwa 70 Minuten.

5 Den Pizzakranz etwa 5 Minuten in der Form stehen lassen, dann aus der Form lösen und auf einen Kuchenrost stürzen. Pizzakranz etwas abkühlen lassen, dann auf eine Platte legen.

6 Zum Garnieren den Quark in die Mitte des Kranzes füllen, mit in feinen Streifen geschnittenen Frühlingszwiebeln und Paprikaringen garnieren.

Kräuter-Schinken-Rolle

Zutaten

Für den Hefeteig:
375 g Weizenmehl
1 Pck. Trockenhefe
1 TL Salz
125 ml (⅛ l) Wasser
75 g zerlassene, abgekühlte Butter oder Margarine
1 Portion (200 g) Siegfried-Teig

Für die Füllung:
2 Becher (je 150 g) Crème fraîche mit frischen Kräutern
150 g Lachsschinken-Scheiben

Zum Bestreichen:
Wasser

Zubereitungszeit:
40 Minuten, ohne Teiggehzeit

Insgesamt:
E: 64 g, F: 154 g, Kh: 383 g, kJ: 14682, kcal: 3509

FÜR GÄSTE - RAFFINIERT

1 Für den Teig Mehl in eine Rührschüssel sieben, mit Trockenhefe sorgfältig vermischen. Salz, Wasser, Butter oder Margarine und den Siegfried-Teig hinzufügen. Die Zutaten mit Handrührgerät mit Knethaken zunächst auf niedrigster, dann auf höchster Stufe in etwa 5 Minuten zu einem Teig verarbeiten. Den Teig zugedeckt so lange an einem warmen Ort stehen lassen, bis er sich sichtbar vergrößert hat.

2 Den Teig leicht mit Mehl bestäuben, aus der Schüssel nehmen, auf einer bemehlten Arbeitsfläche kurz durchkneten und zu einem Rechteck (etwa 30 x 40 cm) ausrollen.

3 Für die Füllung Crème fraîche auf den Teigboden streichen, dabei am Rand etwa 1 cm frei lassen. Die Schinkenscheiben darauf verteilen.

4 Die Teigplatte von der kurzen Seite her fest aufrollen, mit einem sehr scharfen Messer der Länge nach halbieren. Die beiden Teigstränge nun mit der Schnittfläche nach oben locker umeinander schlagen und in eine Kastenform (30 x 11 cm, gefettet, gemehlt) legen. Die Teigrolle nochmals so lange an einem warmen Ort gehen lassen, bis sie sich sichtbar vergrößert hat, dann vorsichtig mit Wasser bestreichen.

5 Die Form auf dem Rost in den Backofen schieben.

Ober-/Unterhitze: etwa 180 °C (vorgeheizt)
Heißluft: etwa 160 °C (nicht vorgeheizt)
Gas: Stufe 2–3 (nicht vorgeheizt)
Backzeit: etwa 60 Minuten.

6 Die Schinkenrolle etwa 10 Minuten in der Form stehen lassen, dann herausnehmen. Schinkenrolle auf einem Kuchenrost erkalten lassen.

Beigabe: frischer Blattsalat.

Verschlafene Würstchen

Zutaten

Für den Knetteig:
250 g Weizenmehl
1 gestr.TL Backpulver
1 gestr. TL Salz
etwas Paprikapulver
etwas frisch gemahlener Pfeffer
125 g Magerquark
150 g kalte Butter oder Margarine
1 Portion (200 g) Siegfried-Teig

Für die Füllung:
8 kleine Bockwürstchen (je etwa 45 g)
1 Dose Sauerkraut (Einwaage 285 g)

Zum Bestreichen:
Sahne oder Kondensmilch

Zum Bestreuen:
2 EL ungeschälter Sesamsamen

Zubereitungszeit:
40 Minuten

Insgesamt:
E: 119 g, F: 230 g, Kh: 287 g, kJ: 16238, kcal: 3880

FÜR GÄSTE - FÜR KINDER

1 Für den Teig Mehl mit Backpulver mischen und in eine Rührschüssel sieben. Salz, Paprika, Pfeffer, Quark, Butter oder Margarine und den Siegfried-Teig hinzufügen. Die Zutaten mit Handrührgerät mit Knethaken zunächst kurz auf niedrigster, dann auf höchster Stufe gut durcharbeiten.

2 Anschließend auf einer bemehlten Arbeitsfläche zu einem Rechteck (etwa 24 x 48 cm) ausrollen. Teigrechteck in 8 Quadrate (etwa 12 x 12 cm) schneiden.

3 Für die Füllung Sauerkraut auf den Teigquadraten verteilen, jeweils 1 Würstchen darauf legen. Den überstehenden Teig darüber schlagen und gut andrücken. Mit der Nahtstelle nach unten auf ein Backblech (gefettet, mit Backpapier belegt) legen. Die gefüllten Teigpäckchen mit Sahne oder Kondensmilch bestreichen und mit Sesam bestreuen. Das Backblech in den Backofen schieben.

Ober-/Unterhitze: etwa 200 °C (vorgeheizt)
Heißluft: etwa 180 °C (vorgeheizt)
Gas: Stufe 3–4 (vorgeheizt)
Backzeit: etwa 25 Minuten.

4 Das Gebäck vom Backpapier nehmen und sofort servieren.

Tipp: *Verschlafene Würstchen mit einem kräftigen Bier servieren. Sie schmecken frisch am besten. Das Gebäck schmeckt auch sehr gut mit folgender Füllung: gekochter Schinken und Stangenspargel aus dem Glas, dann zusätzlich jeweils einen Klecks Kräuter-Crème-fraîche mit in die Füllung geben.*

Lauch-Mais-Muffins

Zutaten

Zum Vorbereiten:
150 g Porree (Lauch)
1 kleine Dose Gemüsemais (Abtropfgewicht 140 g)
100 g Fleischwurst

Für den Teig:
300 g Weizenmehl
2 gestr. TL Backpulver
1 TL Salz
2 Eier (Größe M)
100 ml Speiseöl
100 ml Milch
1 Portion (200 g) Siegfried-Teig

Zubereitungszeit:
40 Minuten

Insgesamt:
E: 82 g, F: 155 g, Kh: 345 g, kJ: 13629, kcal: 3257

FÜR GÄSTE – GUT VORZUBEREITEN

1 Zum Vorbereiten Porree putzen, längs halbieren, gründlich waschen und in halbe Ringe schneiden. Mais in einem Sieb abtropfen lassen. Fleischwurst in Würfel schneiden.

2 Für den Teig Mehl mit Backpulver mischen, in eine Rührschüssel sieben. Salz, Eier, Speiseöl, Milch und den Siegfried-Teig hinzufügen. Die Zutaten mit Handrührgerät mit Knethaken auf höchster Stufe gut durcharbeiten. Porreeringe, Mais und Fleischwurstwürfel unterkneten.

3 Den Teig mit Hilfe eines Esslöffels in eine Muffinform (für 12 Muffins, gefettet) geben. Die Form auf dem Rost in den Backofen schieben.

Ober-/Unterhitze: etwa 180 °C (vorgeheizt)
Heißluft: etwa 160 °C (vorgeheizt)
Gas: Stufe 2–3 (vorgeheizt)
Backzeit: etwa 30 Minuten.

4 Die Muffins 10 Minuten in der Form stehen lassen, dann aus der Form lösen und auf einen Kuchenrost legen. Muffins warm oder kalt servieren.

Tipp: *Muffins lassen sich sehr gut einfrieren. Die aufgetauten Muffins bei Ober-/Unterhitze: etwa 140 °C (vorgeheizt), Heißluft: etwa 120 °C (vorgeheizt), Gas: etwa Stufe 1 (vorgeheizt) in etwa 10 Minuten wieder aufbacken. Wenn Sie eine Muffinform für 12 Muffins haben, füllen Sie den restlichen Teig in vier 3-fach ineinander gestellte Papier-Backförmchen.*

Gefüllte Pita-Brote

Zutaten

Für den Teig:
500 g Weizenmehl
1 Pck. Trockenhefe
2 gestr. TL Salz
200 ml laumwarmes Wasser
75 ml Speiseöl
1 Portion (200 g) Siegfried-Teig

Zum Bestreuen:
2 EL Sesamsamen, ungeschält

Für die Füllung:
500 g Gyros-Fleisch (fertig gewürzt)
1 große Zwiebel
200 g Krautsalat
150 g Tsatsiki

Zubereitungszeit:
50 Minuten, ohne Teiggeh- und Abkühlzeit

Insgesamt:
E: 175 g, F: 188 g, Kh: 484 g, kJ: 19170, kcal: 4580

FÜR GÄSTE

1 Für den Teig Mehl in eine Rührschüssel sieben, mit Trockenhefe sorgfältig vermischen. Salz, Wasser, Speiseöl und den Siegfried-Teig hinzufügen.

2 Die Zutaten mit Handrührgerät mit Knethaken zunächst auf niedrigster, dann auf höchster Stufe in etwa 5 Minuten zu einem Teig verarbeiten. Den Teig zugedeckt so lange an einem warmen Ort stehen lassen, bis er sich sichtbar vergrößert hat.

3 Den Teig leicht mit Mehl bestäuben, aus der Schüssel nehmen und auf einer bemehlten Arbeitsfläche kurz durchkneten. Den Teig in 8 Portionen teilen. Die einzelnen Portionen zwischen den bemehlten Handflächen jeweils zu flachen, etwa 14 x 14 cm großen Fladen formen. Teigfladen mit Wasser bestreichen, mit Sesamsamen bestreuen und auf Backbleche (gefettet, mit Backpapier belegt) legen.

4 Teigfladen nochmals zugedeckt so lange an einem warmen Ort gehen lassen, bis sie sich sichtbar vergrößert haben. Die Backbleche nacheinander (bei Heißluft zusammen) in den Backofen schieben.

Ober-/Unterhitze: etwa 200 °C (vorgeheizt)
Heißluft: etwa 180 °C (vorgeheizt)
Gas: Stufe 3–4 (vorgeheizt)
Backzeit: etwa 25 Minuten.

5 Die Pita-Fladen mit dem Backpapier von den Backblechen auf je einen Kuchenrost ziehen. Pita-Fladen erkalten lassen.

6 Für die Füllung Gyros-Fleisch in einer Pfanne ohne Fett kräftig anbraten. Zwiebel abziehen, halbieren und in feine Scheiben schneiden. Die Pita-Fladen zur Hälfte aufschneiden, etwas auseinander ziehen und mit Gyros, Zwiebelscheiben, Krautsalat und Tsatsiki füllen, sofort servieren.

Baguettes

Zutaten

Für den Hefeteig:
375 g Weizenmehl
1 Pck. Trockenhefe
1 TL Salz
etwas Paprikapulver
etwas frisch gemahlener Pfeffer
150 ml lauwarmes Wasser
50 g weiche Butter oder Margarine
1 Portion (200 g) Siegfried-Teig

Zum Bestreichen:
Wasser

Zubereitungszeit:
30 Minuten, ohne Teiggehzeit

Insgesamt:
E: 56 g, F: 48 g, Kh: 369 g, kJ: 9386, kcal: 2243

GUT VORZUBEREITEN

1 Für den Teig Mehl in eine Rührschüssel sieben, mit Trockenhefe sorgfältig vermischen. Salz, Paprika, Pfeffer, Wasser, Butter oder Margarine und den Siegfried-Teig hinzufügen.

2 Die Zutaten mit Handrührgerät mit Knethaken zunächst auf niedrigster, dann auf höchster Stufe in etwa 5 Minuten zu einem Teig verarbeiten. Den Teig zugedeckt so lange an einem warmen Ort stehen lassen, bis er sich sichtbar vergrößert hat.

3 Den Teig leicht mit Mehl bestäuben, aus der Schüssel nehmen und auf einer bemehlten Arbeitsfläche kurz durchkneten. Den Teig in 4 Portionen teilen und jeweils eine lange dünne Stange daraus formen. Die Teigstangen auf ein Backblech (gefettet, mit Backpapier belegt) legen und zugedeckt nochmals so lange an einem warmen Ort gehen lassen, bis sie sich sichtbar vergrößert haben.

4 Teigstangen mehrfach mit einem scharfen Messer schräg einschneiden, mit Wasser bestreichen. Das Backblech in den Backofen schieben.

Ober-/Unterhitze: etwa 220 °C (vorgeheizt)
Heißluft: etwa 200 °C (vorgeheizt)
Gas: Stufe 4–5 (vorgeheizt)
Backzeit: etwa 20 Minuten.

5 Die Baguettes mit dem Backpapier vom Backblech auf einen Kuchenrost ziehen. Baguettes erkalten lassen.

Tipp: *Baguettes lassen sich vielseitig abwandeln, z. B. je 75 g rote und grüne Paprikawürfel, 2 Esslöffel bunte Pfefferkörner, 3 Esslöffel gehackte Kräuter, 3 Esslöffel Röstzwiebeln, 100 g Salami- oder Schinkenwürfel, 50 g fein gewürfelte schwarze Oliven und 50 g Schafkäsewürfel, 100 g Käsewürfel, etc. zusätzlich unter den Teig kneten. Dann die Baguette-Stangen entsprechend mit Hagelsalz, Käse, gestoßenem Pfeffer, Sesam-, Mohnsamen, Sonnenblumenkerne etc. bestreuen.*

Siegfried-Brot

Zutaten

Für den Hefeteig:
700 g Roggenmehl (Type 1050)
300 g Weizenmehl (Type 405)
2 Pck. Trockenhefe
1 TL Zucker
3 TL Salz
3 EL Essig
500 ml (½ l) lauwarmes Wasser
75 ml Speiseöl
1 Portion (200 g) Siegfried-Teig

Zum Bestreichen und Bestäuben:
Wasser
Weizenmehl

Zubereitungszeit:
20 Minuten, ohne Teiggehzeit

Insgesamt:
E: 113 g, F: 92 g, Kh: 771 g, kJ: 19265, kcal: 4601

PREISWERT

1 Für den Teig Roggen- und Weizenmehl in eine Rührschüssel geben, mit Trockenhefe und Zucker sorgfältig vermischen. Salz, Essig, Wasser, Speiseöl und den Siegfried-Teig hinzufügen.

2 Die Zutaten mit Handrührgerät mit Knethaken zunächst auf niedrigster, dann auf höchster Stufe in etwa 5 Minuten zu einem Teig verarbeiten. Den Teig zugedeckt so lange an einem warmen Ort stehen lassen, bis er sich sichtbar vergrößert hat.

3 Den Teig leicht mit Mehl bestäuben, aus der Schüssel nehmen, auf der Arbeitsfläche kurz durchkneten und zu einem Brotlaib formen. Brotlaib auf ein Backblech (gefettet, mit Backpapier belegt) legen und zugedeckt nochmals so lange an einem warmen Ort gehen lassen, bis er sich sichtbar vergrößert hat. Die Teigoberfläche mehrere Male mit einem scharfen Messer schräg etwa 1 cm tief einschneiden (nicht drücken), mit Wasser bestreichen und mit Mehl bestäuben. Das Backblech in den Backofen schieben.

Ober-/Unterhitze: vorheizen etwa 240 °C , backen etwa 200 °C
Heißluft: vorheizen etwa 220 °C, backen etwa 180 °C
Gas: vorheizen etwa Stufe 5, backen Stufe 3–4
Backzeit: etwa 60 Minuten.

4 Das Brot mit dem Backpapier vom Backblech auf einen Kuchenrost ziehen. Brot erkalten lassen.

Tipp: *Aus dem Teig können auch zwei kleine Brote gebacken werden. Das Brot eignet sich hervorragend zum Einfrieren. Das Brot/Die Brote können je nach Wunsch geformt werden. Der Teig kann auch mit Weizen-Vollkornmehl hergestellt werden. Das Brot kann durch Zugabe von jeweils 150 g Sonnenblumenkernen, Leinsamen, Kürbiskernen, gerösteten Zwiebeln oder Schinkenwürfeln (oder einer Mischung) abgewandelt werden (gibt dann einen interessanteren Anschnitt).*

Brötchen-Vielfalt

Zutaten

Für den Teig:
300 g dunkles Weizenmehl (Type 1050)
200 g Roggenmehl (Type 1150)
1 Pck. Trockenhefe
2 TL Salz
250 ml (¼ l) lauwarmes Wasser
2 EL Speiseöl
1 Portion (200 g) Siegfried-Teig

Für die Brötchen-Vielfalt:
100 g geraspelter Emmentaler-Käse
je 1 EL fein geschnittener Schnittlauch, Dill und Petersilie
75 g fein gewürfelter, durchwachsener Speck
2 EL Sonnenblumen- oder Kürbiskerne, Sesam- oder Mohnsamen

Zubereitungszeit:
45 Minuten, ohne Teiggehzeit

Insgesamt:
E: 116 g, F: 122 g, Kh: 425 g, kJ: 14384, kcal: 3434

GUT VORZUBEREITEN – FÜR GÄSTE

1 Für den Teig Weizen- und Roggenmehl in eine Rührschüssel geben, mit Trockenhefe sorgfältig vermischen. Salz, Wasser, Speiseöl und den Siegfried-Teig hinzufügen. Die Zutaten mit Handrührgerät mit Knethaken zunächst auf niedrigster, dann auf höchster Stufe in etwa 5 Minuten zu einem Teig verarbeiten. Den Teig zugedeckt so lange an einem warmen Ort stehen lassen, bis er sich sichtbar vergrößert hat. Den Teig leicht mit Mehl bestäuben, aus der Schüssel nehmen, auf der Arbeitsfläche kurz durchkneten und in 4 gleich große Portionen teilen.

2 Jeweils eine Portion mit Käse (etwas zum Bestreuen beiseite legen), 1 Portion mit den Kräutern, 1 Portion mit Speck und 1 Portion mit Sonnenblumen- oder Kürbiskernen, Sesam- oder Mohnsamen (etwas zum Bestreuen beiseite legen) verkneten. Die einzelnen Portionen in je 3 Teile teilen und zu Brötchen formen.

3 Die Brötchen auf Backbleche (mit Backpapier belegt) legen. Teigbrötchen mit Wasser bestreichen. Die Käsebrötchen zusätzlich mit dem beiseite gelegten Käse bestreuen. Die Körnerbrötchen ebenfalls mit den beiseite gelegten Sonnenblumen- oder Kürbiskerne, Sesam- oder Mohnsamen bestreuen. Die Kräuter- und Speck-Brötchen mit einem scharfen Messer etwa 1 cm tief einschneiden.

4 Die Teigbrötchen zugedeckt nochmals so lange an einem warmen Ort gehen lassen, bis sie sich sichtbar vergrößert haben. Die Backbleche nacheinander (bei Heißluft zusammen) in den Backofen schieben.

Ober-/Unterhitze: etwa 200 °C (vorgeheizt)
Heißluft: etwa 180 °C (vorgeheizt)
Gas: Stufe 3–4 (vorgeheizt)
Backzeit: etwa 25 Minuten.

5 Die Brötchen mit dem Backpapier von den Backblechen auf je einen Kuchenrost ziehen. Brötchen erkalten lassen.

Alphabetisches Register

Backen mit Hermann

Alphabetisches Register

Kapitelregister

Kapitelregister

Umwelthinweis	Dieses Buch und der Einband wurden gebleichtem Papier gedruckt. Die Einsc Schutz vor Verschmutzung – ist aus un und recyclingfähigem PE-Material.
	Wenn Sie Anregungen, Vorschläge ode Büchern haben, rufen Sie uns unter fo (0521) 155-2580 oder 52 06 50 oder sc
	Dr. Oetker Verlag KG, Redaktion, Am Bach 11, 33602 Bielefeld
	Bei den in diesem Buch verwendeten es sich zum Teil um eingetragene Mar
Wir danken für die freundliche Unterstützung	Coca-Cola GmbH, Essen Guinness UDV, Rüdesheim
Copyright	© 2002 by Dr. Oetker Verlag KG, Biele
Redaktion	Carola Reich, Annette Riesenberg
Titelfotos	Thomas Diercks, Hamburg
Innenfotos	Kai Boxhammer, Hamburg (Eike Upmeier-Lorenz, Herford – Fooc Ulrich Kopp, Füssen Bernd Lippert, Bielefeld
Rezeptentwicklung und -beratung	Sabine Lange, Oetzen Eike Upmeier-Lorenz, Herford Mechthild Plogmaker, Versuchsküche
Grafisches Konzept Gestaltung Titelgestaltung	Björn Carstensen, Hamburg Kontur Design, Bielefeld Kontur Design, Bielefeld
Reproduktionen Satz Druck und Bindung	MOHN • Media Mohndruck GmbH, G Typografika, Bielefeld MOHN • Media Mohndruck GmbH, G
	Die Autoren haben dieses Buch nach Gewissen erarbeitet. Alle Rezepte, Ti mit Sorgfalt ausgewählt und geprüft. lages und seiner Beauftragten für all an Personen, Sach- und Vermögensg geschlossen.
	Nachdruck, auch auszugsweise, nur Genehmigung und Quellenangabe g
ISBN	3-7670-0559-X